Cordula Chudziak
Harald Schramm

Mosaik

Tina Kuckelmann

HEIRATEN

MOSAIK VERLAG

Der Mosaik Verlag ist ein Unternehmen der Verlagsgruppe Bertelsmann

Redaktion: Monika König
Textbearbeitung: Kirsten Sonntag
Art Direction und Satzerstellung: Atelier Noëlle Thieux, München
Reproduktion: Artilitho, Trento
Druck und Bindung: Alcione, Trento
Printed in Italy

ISBN 3-576-10686-3

INHALT

Die Ja-Sager 9
Test: Wie wollen Sie feiern? 14

Und so wird gefeiert! 23
Standesamt: 20 Minuten, die es in sich haben 25
Zum Heulen schön – die kirchliche Trauung 27
Feiern: von schlicht bis rauschend 31

Der Countdown läuft 37
Gut geplant ist besser geheiratet 38
Checkliste: Machen Sie einen Terminplan 46

Hier kommt die Braut! 51
Typgerecht zum Standesamt 52
Ganz in Weiß – für Kirche und festliche Anlässe 62

Make-up und Haare 73
One-Week-Beauty 74
Last-Minute-Programm 78
Strahlend schön vor dem Altar 82

Unter anderen Umständen 93
Garderobe fürs Standesamt 94
Garberobe für Kirche und festliche Anlässe 95
Die Haare: viel dichter als vorher! 99
Das Make-up: auf Vorzüge setzen! 101

Was zieht er an? 103
Helfen Sie Ihrem Liebsten auf die Sprünge! 104
Hochzeit im Anzug 109

Heiraten nach Gesetz 117
Das Standesamt 118
Der Ehevertrag 119
Heiraten in Österreich 122
Heiraten in der Schweiz 124
Register 126
Bildnachweis 128

Die Ja-Sager

Wenn die Gefühle von Verliebtsein auf ehetauglich umswitchen, dann erkennt man das an vielen Dingen: zum Beispiel wenn ohne den Schatz frühstücken einfach langweilig ist. Wenn Sie mit »ihm« ohne Murren die hundertste Boutique nach Schnäppchen abklappern können. Wenn mit »ihr« das Kochen und hinterher Aufräumen auf einmal mehr Spaß machen als die Sause mit Kumpels in der Kneipe. Und nicht zuletzt merkt man es daran, daß die Schmetterlinge im Bauch von Turbo-Drehzahl auf glückliches Brummen umschalten. Alles untrügliche Anzeichen, um vor Gott und der Welt zu einem Menschen von ganzem Herzen »Ja« zu sagen. Und hat sie sich dann erst einmal herumgesprochen, die frohe Botschaft vom baldigen Eheglück, freut man sich nicht mehr nur allein zu zweit – auch Eltern, Freunde, Verwandte und Bekannte sind selig. Ein richtiges Ereignis steht vor der Tür! Heißa, bald ist Hochzeitsparty, Polterabend, Szene-Fest ... das Glück schlägt hohe Wellen. Und alle dürfen sich mitfreuen und mitfeiern! Der Tag der Hochzeit: das Sahnehäubchen auf dem Liebesglück. Davon erzählt man gern und oft. Ach, wie war das doch schön ...

»Glück ist das einzige, was sich verdoppelt, wenn man es teilt.«

Albert Schweitzer

Ganz besonders schön ist Heiraten natürlich an den europäischen Königs- und Fürstenhäusern! Warum? Weil alle Welt den Pomp bestaunen darf! So geschehen bei Grace Kelly und Fürst Rainier von Monaco. 1956 lief die Super-Hochzeit der Neuzeit ab, und die gesamte Medienzunft war dabei. Zu sehen gab es ein Märchen aus 1001 Nacht: Im Fürstentum läuteten alle Glocken. Kino- und Theatervorstellungen kosteten keinen Eintritt, und in den Restaurants floß der Champagner in Strömen – alles bezahlt vom monegassischen Hof. Wer einen Blick auf die junge Braut erhaschte, dem stockte der Atem: Gracia Patricia trug ein Märchenkleid aus 25 Metern Seide und 100 Metern Spitze. Sie war so engelhaft schön, so anmutig und mädchenhaft mit ihren 26 Jahren. Ein Bild, das einfach nach Hause an die Nierentische geschickt werden mußte. Weshalb sich Reporter aus aller Welt hinter den Altar drängelten, im traumhaften Blütenschmuck versteckten und sogar von den Kronleuchtern baumelten. In einem Interview sinnierte Gracia einmal: »Vielleicht hätten wir damals doch lieber in einer ganz kleinen Kirche ...« Vorbei, vertan! Das ganze Spektakel ist auf ewig für die Nachwelt auf Zelluloid gebannt.

»Liebe besteht nicht darin, in den anderen hineinzustarren, sondern darin, gemeinsam nach vorne zu blicken.«

Antoine de Saint-Exupéry

Kaum ein Foto gibt es dagegen von dem »Ja«, das die Beatles auseinanderbrachte. Vielleicht hat's aber auch keinen mehr interessiert, denn immerhin durfte die Weltöffentlichkeit John und Yoko zuvor schon bei einem sechswöchigen Verschmelzungsakt im Bett über die Schulter gucken – das Paar liebte sich auf allen Titelblättern. Als dann 1969 in Gibraltar die Trauung stattfand, war das nichts mehr gegen diese nackten Tatsachen. »Schlecht promotet«, erklärte die kleine Japanerin dann auch später.

Geschafft hatte sie schon ganz andere Dinge – zum Beispiel Musikkassetten für viel Geld anzubieten, auf denen der »Schneefall in Indien« (also nichts) zu hören ist.

Jede Menge Publicity wünschte sich auch Demi Moore – aber bitte mit Gefühl! Sie verliebte sich 1987 rettungslos in Bruce Willis. Keine leichte Aufgabe für das damalige Starlet, sich einen Hollywood-Superstar zu angeln. Geschafft hat sie es durch stete Anwesenheit – der Mann kam einfach nicht an ihr vorbei! Überall wo Bruce auftauchte, war Demi schon da. Nach viermonatigem »Kennenlernen« wurde Demis Hartnäckigkeit mit einer Blitztrauung in Las Vegas belohnt. Mit der Ausstattung eines Hollywood-Streifens lief die Show ab: mit 24 Brautjungfern und -pagen, 30 schwarz-

EHE IN ZAHLEN

Nach wie vor wird geheiratet: 61 Prozent der Erwachsenen leben mit ihrem Ehepartner zusammen, fünf Prozent sind Partner in nichtehelichen Lebensgemeinschaften. Kinderlose Paare machen knapp 31 Prozent der Bevölkerung aus, davon sind 27 Prozent verheiratet und rund vier Prozent unverheiratet. Ehepaare mit Kindern stellen 34 Prozent, nichteheliche Paare mit Kindern nur ein Prozent der Bevölkerung dar.

häutigen und rotgewandeten Gospelsängern und 450 geladenen Gästen. Demi trug einen Traum für etwa 15000 Dollar, Bruce – ganz Etikette – erschien im Cut. Das Fest hat ein Vermögen gekostet, aber für Demi war es der Beginn des Himmels auf Erden: den Mann ihres Herzens sicher, ein Leben im Glamour und ein Turbo-Schub für die eigene Karriere.

»Einen Menschen zu lieben heißt, ihn so zu zu sehen, wie Gott ihn gemeint hat.«

Fjodor M. Dostojewski

Ein Herz für Las Vegas haben viele Promis – wenn sie sich trauen. Der Grund: Fürs Jawort in der Spielerstadt brauchen Superstars ebenso wie Normalnasen nur einen gültigen Paß, um die Hochzeitslizenz zu beantragen – und schon kann's losgehen. Keine lästigen Formalitäten, keine Vorschriften. Beim Feiern ist dagegen alles möglich: der große Rahmen mit allem Drum und Dran genauso wie das einfache Motel mit preiswertem Hochzeitsfrühstück. Der »easy american way of life« ist »in«. Wer hier schon vor dem Friedensrichter stand? Zum Beispiel Cindy Crawford und Richard Gere. Liz Taylor und Eddie Fisher. Elvis Presley und seine Priscilla. Oder Till Schweiger und das amerikanische Model Dana. Alle waren hier und in durchschnittlich 15 Minuten wieder draußen – verheiratet mit Brief und Siegel.

Und was wollen Sie? In der Spielerstadt feiern oder doch lieber zu Hause mit allen Freunden? Es im ganz großen Rahmen richtig »krachen lassen« oder allein zu zweit selig werden? Wie hätten Sie's denn gern? Sind Sie geübt im Feiern? Oder wissen Sie noch nicht genau, was zur Feier des Tages ablaufen soll? Ein Test macht's klarer!

DER LIEBES-CODE IST GEKNACKT!

Wann funkt es zwischen zwei Menschen? Der US-Psychologe David Buss von der Universität Michigan fand es heraus! In der bislang größten Partnerwahlstudie der Welt befragten 50 Wissenschaftler über fünf Jahre lang insgesamt 10047 Frauen und Männer in 37 Kulturen auf allen Kontinenten zum Thema Liebe. Ergebnis:
Der Mann ist auf der Suche nach einer treuen, attraktiven und möglichst jüngeren Frau. Für die Frau sind Zärtlichkeit, Herzensgüte und Aufrichtigkeit wichtig, aber nicht minder interessant: ob er auch finanzielle Sicherheit bieten kann. Und je besser Mann oder Frau in dieses Raster passen, um so schneller wird geheiratet.

Wie wollen Sie feiern?

Ganz klar: so, wie es am besten zu Ihnen paßt. Aber ist das Ziel erst einmal anvisiert, gibt es eine Menge Dinge, an die Sie überhaupt noch nicht gedacht haben. Geht es nämlich ans Organisieren, muß man klipp und klar sagen, wie man's haben will ... Da fällt einem vieles ein, aber wie bekommt man alles unter einen Hut? Schließlich hat man in den meisten Fällen noch nie geheiratet! Beim Fest aller Feste verläßt viele die Spontaneität: lieber doch auf Traditionen setzen, das Ganze mit guten Ratschlägen aus der Familie würzen. Und dann gibt es ja zu allem Überfluß auch noch den finanziellen Rahmen. Wenn man Pech hat, findet man sich dann später auf einem Fest wieder, das Tante Mimi ausgesprochen gut gefällt, aber wenig mehr mit den eigenen Wünschen, Träumen und Erwartungen gemein hat. Damit genau dies nicht passiert, sollten Sie herausfinden, was Ihnen beiden gefällt: allein zu zweit nach Las Vegas, eine rauschende Ballnacht oder besser im kleinen Kreis mit engen Freunden und Verwandten? Am besten beantworten Sie und Ihr Schatz zuerst einmal gemeinsam die nachfolgenden 10 Fragen. Dann alle Punkte zusammenzählen und nachlesen, woran Ihr Herz wirklich hängt!

1. *Wenn Sie gemeinsam von einer Party kommen und »er« (»sie«) sagt: »Mensch, das war klasse!«, dann war das Fest ...*

... wirklich klasse .... 10 Punkte
... gespickt mit Blondinen/ mit Muskelmännern .... 15 Punkte
... laut, schrill und herrlich verrückt .... 20 Punkte
... einfach eine Menge netter Leute .... 5 Punkte
... eine absolute Ausnahme vom sonstigen Einerlei .... 0 Punkte

2. *Sie und »er« (»sie«) zwei Wochen auf Mallorca. Wie würden Ihre Ferien aussehen?*

Aufstehen, Pool-Liege mit Handtuch besetzen, Frühstück, Sonnen, Mittagessen, Sonnen, Abendessen, Bar, Bett, Aufstehen ...... 5 Punkte

Wir lassen uns meistens treiben – mal kommt was Gutes dabei raus, mal nicht . . . . . 5 Punkte
Wir wollen uns ausschließlich erholen, lesen, faulenzen . . . . . 5 Punkte
Na ja, mal ist der eine sauer, weil wir nur am Strand liegen, mal ist der andere sauer, weil wir durchs Museum trotten. Dann ist wieder der eine sauer, weil ... aber die Versöhnungen sind immer toll . . . . . 15 Punkte
Traumhaft . . . . . 20 Punkte

3. ***Sie kommen auf eine Party. In Jeans und T-Shirt. Das Dumme: Es gibt eine Kleiderordnung. Die Männer tragen Anzug, die Frauen das »kleine Schwarze«. Was machen Sie?***
Jeans und T-Shirt ausziehen, darunter habe ich immer was »kleines Schwarzes« . . . . . 20 Punkte
Ich schreie . . . . . 15 Punkte
Ist mir egal – ich bleib', wie ich bin . . . . . 20 Punkte
Ich mache kehrt und komme wieder. Diesmal aber »richtig« angezogen . . . . . 0 Punkte
Ich gehe dahin, wo ich mit Jeans und T-Shirt hinpasse . . . . . 10 Punkte

4. ***Ein Millionär bietet Ihnen 100.000 Mark, wenn Sie es schaffen, ihn zu porträtieren. Schaffen Sie's?***
Oh Gott, oh Gott ... was mach' ich denn da? . . . . . 5 Punkte
Klar. Ich zeichne und erzähl' dem guten Mann etwas von abstrakter Kunst . . . . . 20 Punkte
Ich schieß' ein Foto von ihm – auch ein Porträt. Oder? . . . . . 0 Punkte
Ein bißchen zeichnen kann ich ja ... er wird sich schon irgendwie wiedererkennen . . . . . 10 Punkte
Einen Moment, ich überlege noch . . . . . 5 Punkte

5. ***Ihr(e) beste(r) Freund(in) heiratet. Sie halten eine Rede. Wie haben Sie sich vorbereitet?***
Gar nicht. Mir fällt schon etwas ein . . . . . 15 Punkte
Ich hab' genau recherchiert, vom Kindergarten bis heute – ein abendfüllendes Programm . . . . . 5 Punkte
Mir wird einfach plötzlich schlecht . . . . . 10 Punkte

Ich nehme Statements von Freunden und Familie auf Band auf. Die besten spiele ich ab und kommentiere sie . . . . 20 Punkte

Ich hab' alles in Stichworten aufgeschrieben, da schiel' ich immer wieder drauf. Und dann hoffe ich, daß das Ganze schnell über die Bühne geht . . . . 15 Punkte

6. ***Sie haben eine tolle Idee, Ihr Hochzeitsfest umzusetzen? Was bräuchten Sie?***

Geld . . . . 5 Punkte

Mut . . . . 10 Punkte

Zeit . . . . 0 Punkte

Hilfe . . . . 20 Punkte

Ein Telefon . . . . 20 Punkte

7. ***Fünf Vorschläge für die Freizeit. Welcher gefällt Ihnen am besten?***

Gut essen, fernsehen, faulenzen . . . . 10 Punkte

Raus in die Natur, am besten mit dem Rad . . . . 0 Punkte

Mit ihm/ihr ins Bett und nichts als Sex . . . . 15 Punkte

Mal endlich richtig aufräumen! . . . . 20 Punkte

Einfach nichts tun . . . . 5 Punkte

8. ***Wofür sind Sie Ihren Eltern dankbar?***

Daß sie mich in die richtigen Schulen geschickt haben . . . . 5 Punkte

Daß sie mir Selbstvertrauen gegeben haben, das beste Sprungbrett zum Glück . . . . 15 Punkte

Für ihre Liebe und Geduld und ihren Glauben an mich . . . . 15 Punkte

Für nichts . . . . 5 Punkte

Für alles . . . . 20 Punkte

9. ***Was bedeutet Geld für Sie?***

Unabhängigkeit . . . . 5 Punkte

Abhängigkeit . . . . 15 Punkte

Ein glückliches Leben . . . . 10 Punkte

Streß, Magengeschwüre, Mord und Totschlag . . . . 20 Punkte

Nicht unwichtig, damit kann man sich Träume erfüllen . . . . 5 Punkte

10. Ein richtig toller Abend zu zweit – wie sieht der aus?

Candle-Light-Dinner mit meinem/meiner Liebsten . . . . 10 Punkte
Erst zu McDonald's, dann ins Kino mit Popcorn zum Nachtisch . . 5 Punkte
Er (Sie) liest ein Buch, ich lese ein Buch – das war's . . . . 5 Punkte
Das sind die Abende, die sich einfach so ergeben – mit oder ohne Freunde. An Themen heiß- und festreden, lachen und sich tief in die Augen schauen . . . . 15 Punkte
Richtig Programm machen. Erst Essen, dann in die Kneipe und dann abhotten . . . . 20 Punkte

Auswertung: Dafür schlägt Ihr Herz

161-190 Punkte

Sie laufen immer auf Hochtouren und sind durch nichts zu bremsen. Warum sollte das bei der Hochzeit anders sein? Sie wünschen sich ein Fest, bei dem so richtig die Post abgeht. Die gute Laune muß überschäumen, fetzige Musik muß her, und alle Freunde sollen dabeisein. Was Sie brauchen, ist eine Hochzeits-Fete: Mit der Musik steht und fällt das Ganze – das Essen und Drumherum ist Ihnen dabei nicht ganz so wichtig. Also zuerst ans Schwofen denken! Überlegen Sie: Wann reißt es Sie vom Stuhl? Pop, Soul, Hiphop oder Techno? Organisieren Sie frühzeitig DJ oder Band! Haben Sie den Sound im Griff, ist das andere ein Kinderspiel. Stichwort: Lokalität. Wie wär's im Kino! Zuerst ein knackiger Film (zum Beispiel »Vier Hochzeiten...«, »Sinn und Sinnlichkeit« oder »Der bewegte Mann«) und dann abhotten im Foyer – mit Kanapées, Getränken und dröhnend lauter Kapelle ... Ihre Freunde werden begeistert sein. Aber nicht Ihre Eltern? Es ist Ihr Fest, machen Sie nicht zu viele Zugeständnisse an Sitten und Gebräuche! Sie sind ein lustiges und vor allem unkonventionelles Paar – zeigen Sie das ruhig auch bei der Hochzeit!

Weitere Tips? Wie wär's mit einem Picknick im Park (muß man anmelden, die Erlaubnis erteilt die zuständige Stadtverwaltung), feiern in den Ausstellungsräumen eines befreundeten Künstlers, in Omas Gartenlaube oder einer leerstehenden Scheune (herumfahren und fragen) ... Sie merken es schon: Bistro-Tische passen überall hin, Essen läßt sich überall organisieren ... Wenn Sie in Feierlaune sind, dann läuft's auch mit dem Fest. Nur auf die Musik kommt's an!

Kosten: Die Miete für die Örtlichkeiten müssen Sie aushandeln, da bewegen sich die Preise von ... bis ... Das Buffet – warm und kalt – gibt's beim Party-Service ab etwa 45 Mark pro Person, für die Getränke können Sie noch einmal dasselbe veranschlagen. Pauschale fürs Personal: ab etwa 30 Mark pro Stunde. Leihgebühr für Geschirr: das Set pro Person ab etwa sechs Mark. Ein guter DJ ist ab etwa 1000 Mark zu haben. Für eine Band müssen Sie schon etwa 2000 Mark rechnen.

121-160 Punkte
Natürlich lieben Sie Ihren Partner, deshalb wollen Sie ja auch heiraten. Aber: Wo Leidenschaft ist, da muß es auch Auseinandersetzung geben. Und Diskussionen sind in Ihrer Beziehung an der Tagesordnung. Sie sind ein ausgesprochener Dickkopf. Und deshalb haben Sie auch eine hohe Streitkultur. Richtig gut streiten können heute nicht mehr viele. Aber Sie können das, ohne gleich verbrannte Erde hinter sich zu lassen. Nur mit dem Heiraten, da kennen Sie sich eben nicht so gut aus ... Feiern mit allem Brimborium, das finden Sie spießig. Und deshalb – genau – gibt's Streit. Aber folgendes könnte Ihnen so richtig gut gefallen: vom Standesamt direkt in den Flieger und ab in die Großstadt Ihrer Träume. Keine Feier zu Hause, sondern lieber Neues entdecken. In London, Wien, Paris, Budapest, New York, Berlin, Las Vegas (natürlich könnte man dort auch gleich heiraten). Die Metropole Ihrer Wahl können Sie dann nach Herzenslust erobern: anrauschen, abrauschen – in die Vernissage, ins kleine Cafe, ins Theater, ins Varieté ... Sie brauchen den Kick. Dabeisein, mitten im prallen Leben: so sind Sie mit sich und Ihrer Entscheidung im reinen.
Also nicht kopfscheu werden! Und die Welt kosten muß das Ganze auch nicht, denn es gibt Städtereisen, die sich auch mit kleinem Budget realisieren lassen. Alles im Paket oder jede Veranstaltung individuell buchen ... ganz wie Sie es möchten.
Kosten: Flüge nach Las Vegas gibt's ab etwa 1000 Mark, heiraten ist rund um die Uhr möglich und kostet mit allen Formalitäten etwa 50 Dollar. Städteflüge in Metropolen werden oft zu supergünstigen Preisen angeboten, am besten in speziellen Reisebüros nachfragen!

81-120 Punkte
Sich von Gefühlen und Stimmungen gefangen nehmen lassen, fällt Ihnen nicht schwer. Sie sind der Typ, der sich Hals über Kopf verliebt – in den/die Richtige(n). Bei Ihnen ist alles eine Folge von unausweichlichen Ereignissen. Weshalb Sie jetzt auch mit dem/der Traummann/-frau knapp

vor dem Altar stehen. Kettenreaktionen, die wie selbstverständlich ablaufen. Das zieht sich durch Ihr ganzes Leben, und aus diesem Raster fällt auch die Hochzeit nicht. Was Ihre Feier haben muß: Prickel für die Seele. Natürlich möchten Sie in Weiß mit allem, was dazu gehört, heiraten. Das Fest soll ganz besonders schön sein, in natürlichem Ambiente, damit Sie sich wohl fühlen. Sie sind der Typ für die Romantikhochzeit auf dem Land. Es zieht Sie in die Natur, an die frische Luft, zu schönen Farben oder direkt ans Wasser – wie wär's mit einer Dampferfahrt und Hochzeitsbuffet? Blankgescheuerte Tische, knarrende Holzdielen, alles schön dekoriert mit üppigen, aber bodenständigen Blumen – da geht Ihnen das Herz auf. Dazu Pasta, Risotto, Lamm, raffinierte Soßen und leckere Desserts – das Ganze unterlegt mit klassischer Musik. Liebe (und Heiraten) geht bei Ihnen nämlich auch durch den Magen. Beim Fest selbst interessiert Sie nicht nur der große Ablauf, auch die kleinen Details müssen stimmen. Sie möchten ein Fest für die Ewigkeit: Aufwärmen bei kleinen Leckereien, die große Tafel mit Genuß zelebrieren und hinterher ... ja, doch da würden Sie auch tanzen. Wenn schon, denn schon, heißt es bei Ihnen! Deshalb sollten Sie sich viel Zeit für die Vorbereitung nehmen. Sie überlassen nämlich nur ungern anderen die Planung. Am meisten Freude haben Sie an den Dingen, wenn Sie selber alles entdeckt und organisiert haben.

Schön und gut, aber das ist Ihnen nun doch zu teuer? Wie wär's mit Ausbüchsen? Das ganze Programm entweder allein zu zweit oder zusammen mit den Trauzeugen: in der Toskana oder der Lüneburger Heide selig werden? Romantische Hotels gibt es überall, auch für den kleineren Geldbeutel. Oder ist Ihnen Fern-Romantik lieber? Zum Beispiel Heiraten auf Hawaii – Hochzeits-Arrangements ab etwa 1400 Mark, dazu kommt der Flug (etwa 2000 Mark) und Übernachtung (das Zimmer ab etwa 100 Mark pro Nacht).

Kosten: Bei der Romantikhochzeit im Landgasthof können Sie für das Menü ab 60 Mark pro Person rechnen, dazu kommen noch Getränke. Und die Übernachtung kostet ab etwa 100 Mark.

36-80 Punkte

Wahrscheinlich kennen Sie Ihren Partner schon lange. Und jetzt wollen Sie's auch amtlich machen: Heiraten steht auf dem Plan. Schön soll es sein, das ist klar. Aber Sie haben keine Lust, sich dafür in ewigen Vorbereitungen zu ergehen. Sie möchten besiegeln, was klar ist: Sie beide gehören zusammen! Deshalb wollen Sie auch nicht in

Romantik untergehen, sondern entspannt feiern in einem Umfeld, das zu Ihnen paßt. In Klamotten, in denen Sie sich wohl fühlen. Unbeschwert muß das Ganze abgehen, denn natürlich sind Sie doch ein bißchen aufgeregt. Genau richtig für Sie: Organisation und Planung in bewährte Hände legen. Mit einem guten Restaurant läßt sich das problemlos arrangieren. Lassen Sie sich ein paar Feier-Vorschläge in verschiedenen Preiskategorien machen. Fragen Sie auch nach Extras, die dazu passen: schöner Blumenschmuck auf dem Tisch, liebevolle Tischkärtchen, Extra-Servietten etc. Man wird sich bemühen, denn schließlich verpflichtet ein guter Name, und auch über das Finanzielle läßt sich verhandeln. Möchten Sie im kleinen Kreis, mit Eltern, Trauzeugen und vielleicht noch engen Freunden feiern – da genügen auch einige Tische im Restaurant, und Sie brauchen nicht ewig planen. Wenn Sie kein klassisches Familienfest im Sinn haben, können Sie sich auch vom Ideenreichtum der Freunde überraschen lassen – die organisieren alles und machen dem Hochzeitspaar die Feier zum Geschenk.

Ohne Riesenaufwand läßt sich auch der Polterabend feiern. Die Organisation ist wie die für eine ganz normale Party. Sie brauchen: einen Raum oder – bei schönem Wetter – einen Garten, Musik und zünftiges Essen (zum Beispiel Kartoffelsalat mit Frikadellen) – das war's. Keine Reden, keine Tischordnung, und auch sonst gibt es keine Regeln zu beachten. Auf einem anderen Blatt steht das Aufräumen, denn vom Zerdeppern werden sich Ihre Freunde kaum abhalten lassen.

Auch eine Möglichkeit und genauso fröhlich: Junggesellen/innen-Abschiede. Jeder feiert den Polterabend allein mit seinen Freunden. Kosten tut's weniger als »stilechtes« Poltern: Pflicht ist lediglich das erste Getränk, das auf Kosten der Gastgeber geht. Alles weitere ist Ihnen überlassen.

Kosten: Das Hochzeits-Menü im Restaurant geht bei etwa 40 Mark los, plus Getränke, die zusätzlich gerechnet werden. Dazu kommt die Blumendekoration von schlicht bis üppig – etwa fünf Mark und aufwärts pro Person .

0-35 Punkte

Mal ehrlich: Verabreden Sie sich, ohne in Ihren Terminplan zu gucken? Ein Essen mit Freunden bei Ihnen zu Hause, wird das nicht bis ins letzte Detail geplant? Auf der Rennbahn, beim Tennisturnier – am glücklichsten sind Sie, wenn Sie Karten für die VIP-Lounge ergattern? Dann stehen Sie doch einfach zu Ihren Bedürfnissen. Denn wer hätte nicht gerne eine tolle

Hochzeit, bei der alles klappt? Damit Sie sich wohl fühlen, muß eben alles stimmen. Was Sie brauchen: ein perfektes Hochzeitsfest mit genauem Drehbuch! Ganz in Weiß mit dem Oldtimer oder dem Cadillac zur Kirche, Champagner zum Empfang, Defilee der Gäste und abends eine rauschende Ballnacht ... Zu Ihnen paßt die Traumhochzeit im Schloßhotel – der richtige Rahmen für Glitzer und Glanz. Ein Fest, von dem man noch lange spricht, mit Traumrobe und Fünf-Gänge-Menü.

Bei Ihnen wird Ihr Chef genauso eingeladen wie die Honoratioren des Heimatortes. Das verlangt nach einem perfekten Rahmen! Sie sind tief verwurzelt in Sitten und Traditionen, nichts wäre dümmer, als sich das nicht einzugestehen. Ein lockeres Fest würde Ihren Ansprüchen nicht genügen. Also, tun Sie's ruhig! Planen Sie, bis alles stimmt! Überraschungen gibt's dann nur im kleinen Rahmen – und damit können Sie leben. Deshalb sollten Sie mit der Vorbereitung Ihrer Hochzeit praktisch sofort anfangen. Je mehr Zeit Sie haben, um so besser! Und wenn's eine Nummer kleiner sein soll? Ein Service-Unternehmen mit Ideen und Erfahrung im Planen und Organisieren von Festen ist die richtige Adresse. Hier kann man auch verschiedene Preis-Möglichkeiten durchchecken. Stilvoll ja, aber mit Festzelt im eigenen Garten? Verlassen Sie sich auf den bewährten Party-Service, der schon bei Eltern und Freunden für gelungene Feste gesorgt hat. Stichwort: Musik! Vielleicht läßt sich der DJ Ihres Lieblingsradiosenders fürs Schwofen anheuern! Wenn Sie noch spezielle Extras wünschen – Zauberer, das Dromedar im Wüstenzelt ... in jeder größeren Stadt gibt es Profis, die sich aufs Feiern verstehen – am besten mal ins Branchenbuch schauen.

Kosten: Das Menü im Schloßhotel kostet pro Person um die 150 Mark. Dazu kommen Getränke ab 40 Mark pro Person. Und die Blumendekoration: ab etwa 30 Mark pro Person.

UND SO WIRD GEFEIERT!

Trauen Sie sich: vom Polterabend bis zum Jawort

Wenn das Geschirr in hohem Bogen fliegt, dann wird's eine gute Ehe. Beim Polterabend kann jeder zerdeppern, was der Geschirrschrank oder der Billigmarkt an Tassen und Tellern hergibt. Wenn das Hochzeitspaar dann in trauter Zweisamkeit alles wieder schön ordentlich zusammenfegt, kann dem Glück eigentlich nichts mehr im Wege stehen.

Der Polterabend ist das klassische Fest für den Abschied vom Single-

Dasein. Gefeiert wird in zünftigem Ambiente. Und das kann zu Hause, im Garten, in gemieteten Räumen, im Festzelt oder auch einfach in der Garage sein. Platz ist in der kleinsten Hütte, denn auf Etikette wird beim Polterabend wenig Wert gelegt. Schon mehr auf gute Stimmung und heftiges Scheppern – Krach gemacht wird mit Steingut und Porzellan, das vertreibt böse Geister, so ein uralter heidnischer Brauch. Verboten sind Gläser oder Spiegel, das bringt Unglück!

Eine offizielle Einladung gibt es für den Polterabend traditionsgemäß nicht. Wer aber Gästezahl und Organisation besser im Griff haben möchte, lädt Freunde, Bekannte oder Nachbarn mit gesonderter Karte ein. Und wenn die Gäste zu Hochzeit und Polterabend dieselben sind? Dann reicht auch ein Vermerk auf der Hochzeitseinladung. Machen Sie sich aber trotzdem auf unerwartete Besucher gefaßt, denn Polterabend heißt auch: spontan vorbeikommen, mitfeiern oder das mehr oder minder verdutzte Brautpaar mit einer Fete überraschen. Unangemeldete Gäste? Die gibt's auch, wenn Sie eine Polterhochzeit feiern (die festliche Variante des Polterabends, die übrigens auch die klassische Hochzeitsfeier ersetzen kann) – vor der Tür stehen kann jeder, den Sie auch nur entfernt kennen.

Polterabend: Das heißt, nach Herzenslust mit Tellern und Tassen werfen

Essen und Getränke beim Polterabend, das übernimmt der Party-Service. Sie können sich aber auch auf Mithilfe von Freunden verlassen: Bitten Sie Ihre Gäste, Salate, Desserts, Frikadellen, Suppen etc. mitzubringen. Beim Polterabend einfach toll: Schwofen zur Lieblingsmusik des Hochzeitspaars, Sketche aufführen oder Gedichte und Geschichten über Braut und Bräutigam zum besten geben.

Was man beim Polterabend bedenken sollte

- Den Termin nicht unbedingt auf den Abend vor der Hochzeit legen – sonst gibt's am Hochzeitstag eventuell ein müdes und verkatertes Brautpaar nebst ebensolchen Gästen.

• Manche Gäste bringen schon am Polterabend das Hochzeitsgeschenk mit – vor allem diejenigen, die nicht zum Hochzeitsfest geladen sind. Also, Vasen für Blumen und einen Tisch für die Präsente bereithalten.

• Falls Sie keinen Polterabend feiern möchten, machen Sie einen entsprechenden Vermerk auf der Hochzeitskarte: »Kein Polterabend« – das schützt allerdings nicht immer vor Feier-Überraschungen!

Standesamt: 20 Minuten, die es in sich haben

Weiche Knie, Herzflimmern und eiskalte Hände – alles Reaktionen die einen spätestens im meist schmucklosen Warteraum oder Flur vor dem Trauzimmer befallen. Daß die Braut überhaupt da ist, hat sie der Sitte nach dem Bräutigam zu verdanken. Der holt sie mit Brautstrauß »bewaffnet« zu Hause ab und chauffiert die Frau seines Herzens hin zum Standesamt. Sie wohnen schon zusammen? Dann sollten Sie beide den Wecker rechtzeitig stellen, denn Standesämter haben knallharte Öffnungszeiten: Von Montag bis Freitag zwischen 8 und 12 Uhr wird »Ja« gesagt – Samstagstermine gibt es höchstens auf dem Lande. Wer die heißbegehrten Termine von 11 bis 12 Uhr bekommt? Immer die anderen, man selbst hat todsicher als letztmöglichen und äußersten Termin 9 Uhr 30 genannt bekommen. Mit Schminken, Anziehen und Besänftigen des flatternden Blutdrucks mit Kaffee oder Tee heißt das in der Regel früh aufstehen!

Wie läuft die standesamtliche Trauung ab?

Ist man dann mit Herzklopfen bis zum Halse vor Ort, holt einen das schlichte Amtsdeutsch schnell wieder auf den Boden der Tatsachen zurück. Das ist in den seltensten Fällen allerdings den Standesbeamten anzulasten: Damit in Deutschland (und fast überall in Europa) eine Ehe geschlossen werden kann, müssen gewisse Regeln und Formalitäten eingehalten werden, um der ganzen Zeremonie auch Rechtsgültigkeit zu geben:

1. Die Pässe des Hochzeitspaares und zweier Trauzeugen müssen vorliegen.
2. Die Traurede, die mit dem jeweiligen Temperament des Beamten steht und fällt. Was darin enthalten sein muß? Die Frage danach, ob jemand Einwände gegen die Verbindung hat, und dann natürlich die Frage aller Fragen: Wollen Sie, Herr ..., die Ehe mit der hier anwesenden ... Warum zuerst immer der Mann gefragt wird, bleibt dabei das Geheimnis der Amtsstatuten.

3. Die Frage, für welchen Familiennamen Sie sich entschieden haben.
4. Die Verlesung des Trauungsprotokolls, das von Brautpaar und Trauzeugen unterschrieben werden muß.

Diese Formalitäten sind fest im Gesetz verankert, aber an dem Drumherum kann man feilen. Denn Standesbeamte sind auch nur Menschen und schönen Ideen oft gar nicht abgeneigt. Wenn Sie sich also eine feierlichere Zeremonie wünschen, sollten Sie das vorher mit dem zuständigen Beamten oder der Beamtin besprechen. Ebenso, wenn Sie eine größere Bestuhlung möchten, weil außer Eltern und Trauzeugen auch jede Menge Verwandte und Freunde dabeisein sollen. Auch kann man während der Trauung Musik spielen lassen (von Geräten oder auch live), eine längere Rede halten oder andere Einlagen planen – alles nach Absprache möglich.

Nach dem Standesamt geht dann die Feier richtig los: Oft überraschen Freunde das Brautpaar mit Champagner, Konfetti, guten Wünschen auf aufgeblasenen Luftballons oder einem Ständchen. Danach steht Sektfrühstück oder richtig toll essen auf dem Plan. Beides kann man gut im Lokal, aber auch wunderbar zu Hause organisieren.

HÄTTEN SIE'S GEWUßT ...

daß deutsche Bräute jedes Jahr etwa 600 Millionen Mark für Brautkleider ausgeben?

•

daß nur 45 Prozent der Trauungen kirchlich sind?

•

daß die Braut durchschnittlich 29,7, der Bräutigam 32,5 Jahre alt ist?

•

daß die Braut für ihr Hochzeits-Outfit doppelt soviel ausgibt wie der Bräutigam?

•

daß Bräute sich im Schnitt ein Jahr vor der Trauung auf die Suche nach einem Kleid begeben?

Die Vorbereitungen für die standesamtliche Trauung

Für alle, die »nur« standesamtlich heiraten: Adresse ist das Rathaus am Wohnort, Sie können sich aber auch jedes andere Standesamt aussuchen oder sich auf Schiffen, in Schlössern oder im Flugzeug trauen lassen (Fremdenverkehrsämter und Reiseveranstalter informieren gern). Auf dem Standesamt Ihres Wohnortes müssen Sie immer das Aufgebot bestellen (mindestens sechs bis acht Wochen vor dem gewünschten Termin; es muß eine Woche öffentlich im Rathaus aushängen), aber nicht heiraten. Die Papiere werden problemlos von Amt zu Amt geschickt. Notwendige Dokumente für das Aufgebot: eine beglaubigte Abschrift aus dem Familienbuch der Eltern (wenn Ihre Eltern nach dem 1.1.1958 geheiratet haben). Oder eine Abstammungsurkunde neueren Datums, die Sie beim Standesamt Ihres Geburtsortes erhalten (wenn Ihre Eltern vor dem 1.1.1958 geheiratet haben, Sie nichtehelich oder adoptiert sind). Bei der Heirat mit einem Angehörigen einer anderen Nationalität muß dessen Ehefähigkeitszeugnis vorliegen (stellt das Standesamt des letzten Wohnsitzes im Heimatland aus).

Falls Sie einer anderen Nationalität angehören, brauchen Sie eine Geburtsurkunde mit Elternangabe. Außerdem benötigen Sie eine gültige Aufenthaltsbescheinigung, Reisepaß oder Personalausweis und Nachweis über den ausgeübten oder erlernten Beruf. Und wenn Sie Ihren akademischen Grad oder die Religionszugehörigkeit in die Personenstandsbücher eintragen lassen möchten, müssen Sie die entsprechenden Nachweise vorlegen. In jedem Fall müssen Sie sich über den zukünftigen Ehenamen klar werden, den Doppelnamen festlegen oder erklären, daß jeder seinen eigenen behält (mehr darüber auf Seite 118).

Kosten der Veranstaltung? 50 Mark für das Aufgebot, 25 Mark für das Stammbuch, gegebenenfalls 25 Mark für den »Bindestrich-Namen«.

Zum Heulen schön – die kirchliche Trauung

Die Krönung und für die meisten Paare das Schönste am ganzen Heiraten ist das Jawort in einer festlich geschmückten Kirche. Viel Aufregendes und Wunderbares erwartet Sie an diesem Tag: das knisternde Brautkleid, goldene Ringe, das kirchliche Zeremoniell – vor Gott, dem Pfarrer, den Trauzeugen und allen Anwesenden geloben Sie sich gegenseitige Treue und Achtung. Und anschließend gibt's in den meisten Fällen ein tolles Fest mit vielen Menschen, die Sie mögen.

Wie läuft die kirchliche Trauung ab?

Schon der Einzug in die Kirche ist ein Erlebnis: Nach der katholischen Lehre wird die Ehe in der Kirche geschlossen – der Bräutigam erscheint zuerst gemeinsam mit den Trauzeugen und wartet vor dem Altar. Die Braut zieht in die Kirche ein, wenn alle Gäste in den Kirchenbänken sitzen: zu feierlicher Musik am Arm des Brautführers oder ihres Vaters. Nach der evangelischen Lehre betreten die Brautleute bereits als Verheiratete die Kirche und können deshalb auch gemeinsam

erscheinen. Genaues sollte man in beiden Fällen aber mit dem Pfarrer absprechen. Die Predigt und die Segnung der Brautleute läuft in der evangelischen wie in der katholischen Kirche – von Details abgesehen – in etwa gleich ab: feierliche Orgelmusik, Gebete, Lieder und die Trauansprache des Geistlichen, in der er auf den vorher von Ihnen festgelegten Trauspruch eingeht. Höhepunkt bei beiden Konfessionen ist die Traufrage und das anschließende Jawort. Ringetauschen ist dagegen nicht überall Sitte. Zum Schluß unterschreiben Braut und Bräutigam – und nur in der katholischen Kirche – auch die Trauzeugen am Altar oder in der Sakristei die Trauungspapiere.

Die Vorbereitungen für die kirchliche Trauung

Kirchlich heiraten möchten viele und aus den verschiedensten Gründen. Welche das im einzelnen sind, davon möchte sich jeder Pfarrer im vorhergehenden Traugespräch ein Bild machen. Der zuständige Geistliche wird mit Ihnen über Ihre Haltung zur Ehe sprechen, und Sie erfahren außerdem, welche Papiere Sie brauchen (Paß, Taufbescheinigung, Firmungs- oder Konfirmationsurkunde, Bescheinigung des Aufgebots oder bereits die Heiratsurkunde vom Standesamt). Schwierigkeiten kann es geben, wenn Sie nicht getauft, gefirmt, aus der Kirche ausgetreten, geschieden sind oder bereits einmal kirchlich geheiratet haben. Generell ist der Geistliche aber als Seelsorger daran interessiert, Ihre Bindung zur Kirche zu festigen oder neu herzustellen und wird deshalb eine kirchliche Trauung in den seltensten Fällen ablehnen.

Und wenn Braut und Bräutigam unterschiedlichen Konfessionen angehören? Kein Problem! Sie können sich in der Kirche Ihrer Wahl trauen lassen: Der evangelische Partner braucht bei einer katholischen Trauung keine Einwilligung seiner Kirche, der katholische Partner benötigt bei einer evangelischen Trauung hingegen einen sogenannten Dispens, eine Erlaubnis des zuständigen katholischen Pfarramts oder Bischofs. Auch möglich: ein ökumenischer Gottesdienst, den Pfarrer beider Konfessionen gestalten – den Kontakt zum Kollegen stellt der

Reis oder Konfetti?

Der alte Brauch, das frischgetraute Paar mit Reis zu bewerfen, stammt vermutlich aus Asien und ist ein alter Fruchtbarkeitsritus. Wem es jedoch gegen den Strich geht, ein Nahrungsmittel derart zu »verschwenden«, der kann die Frischvermählten vor dem Standesamt oder der Kirche auch mit Konfetti beglücken.

jeweils angesprochene Geistliche her. Beim Trauritus selbst müssen Sie sich bei einer ökumenischen Hochzeit allerdings für den katholischen oder den evanglischen entscheiden – einen »Mischritus« gibt es nicht. Der Geistliche der jeweiligen Konfession hält dann die Trauansprache. Auch wenn Sie nicht in Ihrer Heimatgemeinde heiraten möchten, sprechen Sie am besten zuerst mit dem für Sie zuständigen Pfarrer am Ort. Vielleicht soll er die Hochzeitszeremonie in Ihrer Wunschkirche abhalten? Falls nicht, kann er trotzdem die kirchlichen Formalitäten in die Hand nehmen. Natürlich können Sie zu Ihrem Traugottesdienst auch Wünsche äußern:

Zum Zeitpunkt: Geheiratet wird fast ausschließlich freitags und samstags. Aber wann? Möchten Sie morgens, mittags oder abends heiraten? Davon hängt zum Beispiel die weitere Gestaltung des Festes ab!

> *»Der beste Weg, einen Ehemann zu halten, ist der, ihn nicht festzuhalten.«*
>
> *Efraim Kishon*

Zur Musik: Welche Lieder sollen gesungen werden? Welche Vorschläge hat der Organist? Vielleicht möchten Sie ja lieber ein Orchester, einen Chor, einen Instrumentalsolisten oder eine Gospelsängerin? Erkundigen Sie sich beim Pfarrer oder bei einer Musikhochschule in Ihrer Nähe! Rufen Sie an, oder hängen Sie Ihre Wünsche am Info-Brett aus. Künstler vermittelt Ihnen außerdem der Künstlerdienst des zuständigen Arbeitsamtes.

Zur Form des Gottesdienstes: Welche Gebete und welcher Trauspruch? Viele Paare suchen den »Leitsatz« ihrer Ehe selbst aus, der Geistliche macht Ihnen sicher gerne Vorschläge.

Kosten? In manchen Gemeinden ist die Trauung kostenlos, andere berechnen 30 bis 70 Mark. Außerdem wird der Pfarrer Sie zu einer Spende auffordern.

ROMANTIK-HOCHZEITEN GEFRAGT

Mitte der achtziger Jahre setzte eine unerwartete Renaissance der Romantik-Hochzeit ein. Und dieser Trend ist bis heute ungebrochen. 1995 gaben sich in Deutschland 429650 Paare das amtliche Jawort. Und fast jedes zweite Brautpaar erschien dabei ganz in Weiß vor dem Traualtar.

Vorfahren – bitte mit Stil!

Wer kirchlich heiratet, fährt meist auch stilecht vor: im Superschlitten mit Chauffeur (Luxuswagen finden Sie im Branchenbuch unter »Autovermietung«), im von Freunden geliehenen Oldtimer oder in der Hochzeits-

Tolle Hochzeiten

- Rund um die Uhr geht's in Bad Brückenau (Unterfranken). Auf Wunsch gibt's einen Hubschrauberflug, Rolls Royce inklusive Chauffeur oder Kutsche (kostet extra). Infos: 09741/80415.
- Flieger-Hochzeit in Stölln (Brandenburg). Zeremonie in einer russischen »Iljuschin 62« (am Boden), mit Sekt-Empfang, Musik und Video. Infos: 033875/30211.
- Glucksendes Glück! Unter Wasser und mit Pfarrer über Mikrofon – das gibt's in Österreich. Infos über Zauner-Tauchbasis, 0043-6134/8286.
- Sturz in den Himmel – mit einem Fallschirm-Tandem und Trauung während des Fluges durch Funkverbindung zwischen Brautpaar und Pfarrer. Infos über Hochzeitsservice Stöcklin, 089/6905624.

kutsche. Egal ob viele Pferdestärken, eleganter Cadillac, Ente oder Cabrio – erst Blumen machen das Fahrzeug zum Hochzeitswagen. Blumengeschäfte fertigen den Blütenschmuck passend an und befestigen ihn am Hochzeitsmorgen auch an Ihrem Gefährt.

Damit alles wie aus einem Guß aussieht, empfiehlt es sich, nur einen Floristen zu beauftragen, der dann für den gesamten Blumenschmuck – den Brautstrauß, die Dekoration des Hochzeitswagens, der Kirche und des anschließenden Festes – verantwortlich ist.

Feiern: von schlicht bis rauschend

Wenn Sie nicht zu Hause feiern möchten, können Sie erst einmal gigantisch träumen, wo es denn stattfinden soll – das Superfest anläßlich Ihrer Hochzeit! Wie wär's im Zoo, auf einem Schiff, im Museum, in einem leergeräumten Gewächshaus, im Kino oder im weißen Hochzeitszelt an einem See? Man kann heute fast alles mieten, sogar ganze Inseln ...

Wie läuft eine klassische Hochzeit ab?

- Zuerst der Empfang mit Sekt oder Champagner, während dessen die Gäste gratulieren und ihre Geschenke überreichen.
- Danach das festliche Hochzeitsessen, meistens mit fünf Gängen. Schön sind in jedem Fall – auch bei kleineren Gesellschaften – Tischkärtchen. Bei großem Andrang gibt es zusätzlich eine Tischordnung, die gut sichtbar ausliegt.
- Während des Essens hält zumindest der Brautvater eine Rede.

DIE VERRÜCKTESTE HOCHZEITS-ZEREMONIE?

Gibt's in der Fun-Metropole Las Vegas: Im »Stratosphere-Tower« kann man sich 280 Meter hoch trauen lassen. Und danach den Super-Kick mit den Trauzeugen genießen: auf einer Achterbahn sieben Stockwerke über den Amtsräumen, festgeschnallt im Looping-Wagen. Wer dann immer noch nicht genug hat? Von 280 Metern Höhe geht's mit einer Art Rakete 160 km/h schnell nochmals 50 Meter hoch und als Pseudo-Raumfahrer schwerelos zurück zur Abschuß-Ebene.

- Wer ein ganztägiges Fest plant, kann zusätzlich zu Kaffee und Hochzeitstorte laden.
- Nachmittags gibt's einen Spaziergang, eine Stadtführung oder Dampferfahrt. Und natürlich die Brautentführung: Freunde »verschleppen« die Braut (Brautstrauß nicht vergessen!) in ein anderes Lokal – alles, was dort konsumiert wird, muß der Bräutigam zahlen.
- Gegen 20 Uhr wird der festliche Hochzeitsball mit Buffet eröffnet. Wenn die Feier erst abends losgeht, kann hier anstelle des Buffets auch ein gesetztes Essen stattfinden.
- Der Tanz wird vom Brautpaar mit dem traditionellen Brautwalzer eröffnet oder einfach mit einem Tanz zum gemeinsamen Lieblingslied.
- Überraschungen, Sketche oder die Hochzeitszeitung stehen abends auf dem Plan.
- Um Mitternacht gibt es die Hochzeitssuppe. Und danach kann sich das Hochzeitspaar verabschieden – oder mit den Gästen durchfeiern.

Wenn Sie im Restaurant feiern möchten

Prüfen Sie das Etablissement! Probe-Essen ist immer gut, außerdem kann man sich dabei von Ambiente und Service überzeugen. Bei der Besprechung des Hochzeitsmenüs kann auch der Koch anwesend sein – so lernen Sie den Mensch hinter der Speisenfolge kennen. Und vielleicht gibt er sich auch mehr Mühe, wenn er persönlich mit Ihnen gesprochen hat. Außerdem können Sie bei dieser Gelegenheit gleich die passenden Getränke probieren.

Was sinnvoll ist: sich im Vorfeld von mehreren Häusern Menüvorschläge mit Preisangaben machen lassen (Getränke gehen dabei immer gesondert!). Haben Sie sich entschieden, am besten alles schriftlich bestätigen lassen.

Zoo-, Schiffs-, Museums-Heiratsfest gefällig?

Auch in diesem Fall sollten Sie sich den Ort des Geschehens vorher genau ansehen. Wenn Sie einen Hochzeits-,

Party- oder Verantstaltungsservice in Anspruch nehmen, lassen Sie sich Fotos von Hochzeiten oder Festen zeigen, die der Service organisiert hat. Fragen Sie nach einem Kostenvoranschlag. Und wenn Sie sich entschieden haben, alle Leistungen noch einmal schriftlich bestätigen lassen.

> *»Ein Mann, der liebt, entdeckt die Moral. Eine Frau, die liebt, vergißt sie.«.*
>
> *Edith Piaf*

Die Hochzeit im kleinen Kreis

Das kann eine Feier zu Hause sein oder die »Gourmetversion« im Schloßhotel mit wenigen ausgesuchten Gästen. Das Restaurant müssen Sie natürlich vorher testen und genaue Preisabsprachen treffen. Wenn Sie zu Hause feiern möchten, können Sie einen Party-Service in Anspruch nehmen, der zum Beispiel Bistrotische, Essen und Getränke sowie Geschirr, Gläser und Besteck liefert und die Räumlichkeiten auch festlich mit Blumen oder anders herausputzt. Sie können sich aber auch selber ins Zeug legen: Beim Dekorieren helfen Ihnen bestimmt Verwandte und Freunde. Fürs leibliche Wohl sorgen

Die sechs Phasen einer Ehe

1. Trautes Glück: Kurz nach der Eheschließung herrscht eitel Freude. Beide erwarten Erfüllung all ihrer Träume.
2. Der erste Frust: Man entdeckt, daß der andere doch – und das meist auch noch komplett – anders fühlt, denkt und handelt.
3. Der Ring ist eröffnet: Jetzt ist es ins Bewußtsein gesickert – der andere ist wirklich ganz anders als man selbst. Das Terrain wird abgesteckt. Machtkämpfe stehen auf dem Plan.
4. Die dicke Krise: »Soll ich nicht doch besser allein leben ...?« – jetzt werden Freunde eingeweiht, Affären drohen ... Aber auch erstes Verständnis keimt wie eine zarte Pflanze.
5. »Er/sie ist es doch!«: Die Welt mit anderen Augen sehen, ein bißchen auch mit denen des Partners – das hat man jetzt gelernt. Beide haben die Chance, sich zu entwickeln und sich gegenseitig zu bereichern.
6. Friede, Freude, Eierkuchen: Nicht immer, aber immer öfter ... Beide haben begriffen, daß der andere eine Aufgabe darstellt. Man kann Schwächen jetzt tolerieren und sie sogar – wie ganz am Anfang der Beziehung – wieder als liebenswert finden.

Sie mit einem kalten Buffet vor. Das läßt sich gut vorbereiten, einfrieren und zu gegebener Zeit bereitstellen. Dabei sollten Sie alles so organisieren, daß es reibungslos klappt. Nichts ist störender als eine Braut, die am Hochzeitstag in der Küche rumsaust, oder ein Bräutigam, der ständig in den Keller flitzt, um für Nachschub bei den Getränken zu sorgen. Besser: Kellner oder Serviererin ordern (zum Beispiel über Studenten-Service des Arbeitsamtes).

Oder doch die Sensations-Hochzeit?

Auch das geht! Stellen Sie Ihre Hochzeit unter ein Motto: Alle müssen in Rot erscheinen oder in Kostümen aus dem 18. Jahrhundert anrauschen. Natürlich können Sie auch mit dem Fallschirm oder im Heißluftballon zur Feier einschweben oder abtauchen in 20 Meter Tiefe ... Auch machbar: mit Dromedar im Wüstenzelt heiraten, Feuerwerk um Mitternacht inszenieren oder gleich mit der ganzen Hochzeitsgesellschaft auf und davon – auf Ibiza oder in Portugal heiraten. Klasse ist das alles, es kostet nur etwas mehr – professionelle Hochzeits- und Veranstaltungs-Services können mit Ideen weiterhelfen und auch alles organisieren.

Der Brautwalzer

Kann heute auch ein Rock 'n Roll sein! Oder einfach tanzen zur Lieblingsmusik — aber immer ist es allein das Brautpaar, das den Tanz eröffnet. Die anderen Gäste bilden einen Kreis um das Brautpaar und klatschen oder singen zur Musik. Besonders stimmungsvoll ist es, wenn die Gäste Kerzen oder Wunderkerzen in der Hand halten. Nach einem alten Brauch vertreibt flackerndes Kerzenlicht die bösen Geister. Nach der Ehrenrunde fordert das Brautpaar Verwandte und Freunde zum Tanzen auf.

Hochzeitsjubiläen

1 Jahr:	Papierene Hochzeit
8 Jahre:	Blecherne Hochzeit
10 Jahre:	Rosenhochzeit
15 Jahre:	Kristallene Hochzeit
20 Jahre:	Porzellan-Hochzeit
25 Jahre:	Silberne Hochzeit
30 Jahre:	Perlen-Hochzeit
40 Jahre:	Rubin-Hochzeit
50 Jahre:	Goldene Hochzeit
60 Jahre:	Diamantene Hochzeit
70 Jahre:	Gnaden-Hochzeit
75 Jahre:	Kronjuwelen-Hochzeit

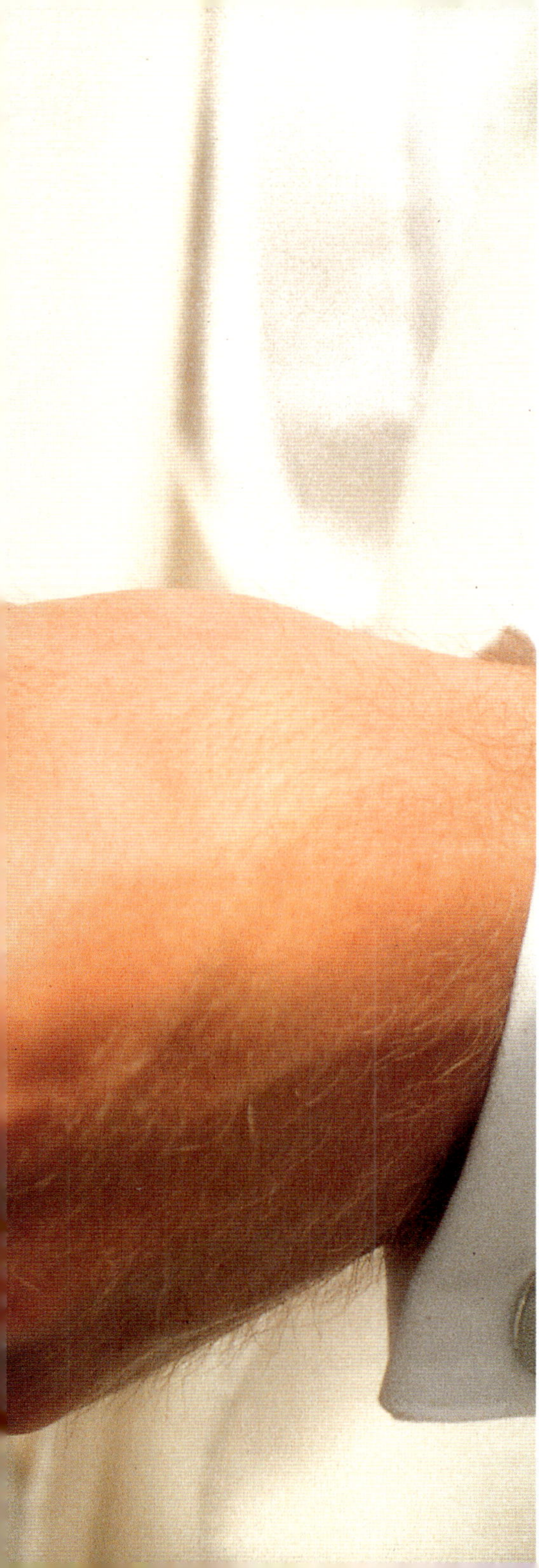

DER COUNTDOWN LÄUFT

Vielleicht haben Sie sich gerade erst zur Hochzeit entschlossen? Herzlichen Glückwunsch! Und während Sie sich dabei tief in die Augen geschaut haben, hat jeder schon einmal laut überlegt. Zum Beispiel welche Blüten auf jeden Fall in Ihrem Brautstrauß sein sollten, daß Onkel Klaus zur Hochzeit kommen muß, aber lieber Cousine Regina nicht, ob Sie der Verwandtschaft Techno-Musik zumuten können, die Stammtisch-Freunde Ihres »Gatten«

auf dem Fest ertragen möchten, besser Tischkärtchen oder zwecks Gruppendynamik die Gäste ohne System aufeinander loslassen sollen .... Genau so machen Sie's richtig! Legen Sie los: jeder mit dem, was er sich für seine Traumhochzeit wünscht.

Gut geplant ist besser geheiratet

Fein heiraten ist teuer. Vielleicht ist Ihnen ja eine Hochzeitsfeier mit Freunden zu Hause im Garten lieber, oder das Dorfkirchlein näher als die Barock-Kirche mit Schloßhotel-Empfang. Was Sie bei der Planung in jedem Fall im Auge behalten sollten ... im folgenden finden Sie die wichtigsten Punkte und was Sie dazu beachten müssen.

Vom idealen Termin bis zur Danksagung

Der Hochzeitstermin. Wochenendtermine sind immer schön, bei Standesämtern aber höchst selten und nur mit entsprechendem Vorlauf zu ergattern, in der Kirche ist dagegen der arbeitsfreie Tag die Regel. Außerdem ist Heiraten im Wonnemonat Mai und um Weihnachten herum sehr begehrt und

SO MACHEN SIE VIELE GLÜCKLICH ...

Die Trauzeugen in der Kirche müssen nicht unbedingt die von der standesamtlichen Trauung sein – so können Sie sich gleich für mehrere nette Menschen entscheiden.

die entsprechenden Termine deshalb oft schon vergeben – deshalb: rechtzeitig anmelden. Auch wenn Sie sich ein besonders idyllisches Kirchlein ausgesucht haben, sollten Sie mit der Reservierung nicht lange warten – 10 bis 12 Monate Vorlauf sind nicht zu großzügig gerechnet! Eine langfristige Planung bringt Ihre Wünsche in Reichweite, und vielleicht finden Sie so auch einen Standesbeamten mit Esprit, zusammen mit einem Ambiente, in dem einem das Herz aufgeht. Stichwort Trauzeugen: Lieber die beste Freundin oder doch Tante Frieda? Bedenken Sie, daß auch andere Menschen Pläne haben, und fragen Sie deshalb frühzeitig nach.

Die Kosten. Es soll Menschen geben, die für die Hochzeit Haus und Hof verschulden. Dazu gehören Sie nicht? Ohne ein paar Hunderter bis hin zu etlichen Monatsgehältern läuft das Fest aber nicht ab (es sei denn, Sie haben spendable Eltern oder mildtätige Verwandte). Was bleibt? Die Kunst, unter

Berücksichtigung des Rahmens die Zahl der Gäste und das kulinarische sowie musisch-ästhetische Programm des Festes zueinander in Relation zu setzen. Klingt kompliziert, ist es auch. Was die Sache vereinfacht: Notieren Sie in Stichworten, was sein muß: Hochzeitsmenü oder -frühstück, Getränke, Blumen, Party-Service. Und dann die Extras: gedruckte Einladungs- und Tischkarten, Danksagungen und eventuell Anzeigen, DJ, Hochzeitskutsche, Hochzeitstorte. Vergessen Sie das Trinkgeld nicht! Im Restaurant üblicherweise 10 Prozent der Rechnungssumme. Zu teuer? Jonglieren Sie mit der Gästezahl, streichen Sie Üppiges zugunsten von Angemessenem – den Brautstrauß kann man selber binden, Einladungen und Danksagungen selbst entwerfen und schreiben, Hochzeitskleid und -schuhe von der Freundin oder beim Kostümverleih ausleihen, die Hochzeitsnacht mit Suite gegen das traute Heim eintauschen ... So nähern Sie sich langsam dem Machbaren und meist auch dem finanziell Möglichen.

Datum verewigen

Beinahe ein »Muß«: In die Innenseite des Traurings wird traditionellerweise das Datum der Hochzeit eingraviert – und oft auch noch die Initialen oder den Vornamen des / der Liebsten.

Sinnlich mit Ornamenten: Solche Ringe passen gut zur romantischen Hochzeit

Brillis für die Ewigkeit: Jedes Jahr kommt ein neuer Stein hinzu – ein Dauerbrenner bei Eheringen

Die Eheringe. Toll, wenn man die Trauringe geerbt hat – zum Beispiel von den Großeltern –, denn dann hängen viele Erinnerungen an dem guten Stück. Die meisten Trauringe sind aus Gold oder Platin. Im Trend sind Diamanten, die nach Lust und Laune eingesetzt werden können. Auch machbar: Zusammen mit einem Goldschmied einen Ring entwerfen und dann lebenslang ein Unikat am Finger tragen. Mittlerweile ein Dauerbrenner: Ringe im Metall-Mix. Gelbgold und Graugold, Platin neben Gelbgold – entweder in linearen Formen, in

Schlangenlinien oder in Form von Tupfen. Allerdings sollte man dabei nicht vergessen, daß man davon ausgeht, das gute Stück einige Jahrzehnte zu tragen – und ob das dekorative Muster in ein paar Jahren noch gefällt ...? Der Vorteil: Ganz egal, ob Sie lieber Gold-, Platin- oder Silberschmuck tragen – der Trauring paßt sich immer an. Entscheidet sich die Braut für einen Ring mit einem Diamanten, so kann dieser im Lauf der Jahre zu besonderen Anlässen oder »runden« Hochzeitstagen »aufgestockt« werden. Ganz wichtig ist in jedem Fall, daß der Ring bequem sitzt, nicht reibt und nicht stört – das hängt davon ab, wie rund oder oval der Querschnitt des Ringes ist und welche persönlichen »Tragevorlieben« man diesbezüglich hat.

HOCHZEITSBRÄUCHE

Es gibt viele alte Bräuche, die dafür garantieren sollen, daß die Ehe glücklich wird. Hier die bekanntesten – ohne Gewähr ...

•

Braut über die Schwelle tragen: Unter der Schwelle lauern angeblich böse Geister, die es besonders auf die Braut abgesehen haben. Trägt der Bräutigam seine Frischangetraute über die Schwelle, gehen die Geister leer aus.

•

Brautauto aufhalten: Die Hochzeitsgäste spannen ein Seil über die Straße und halten damit das Brautpaar auf, das sich »freikaufen« muß. Sinn: Auf diese Weise sollen die Dämonen gestoppt werden, die das Brautpaar bedrohen.

•

Pfennige für die Brautschuhe sparen: Je kostbarer die Schuhe, desto fleißiger hatte die Braut von ihrem Lohn Pfennige abgespart – die Garantie für eine sparsame Ehefrau.

Der beste Ort. Am schönsten ist immer das, was Ihnen richtig gut gefällt und – fast zu eng für alle Gäste ist. Ob Zelt, Kneipe oder romantisches Hotel: Wenn Sie wollen, daß es bei Ihrem Fest so richtig brummt, dann sparen Sie am Platz. Denn nur was sich drängt, kommt sich auch näher. In zu großen Räumen verpufft dagegen selbst die beste Stimmung!

Die Gästeliste. Ex-Beziehungen, Erbtanten oder der Goldkettchen-Freund der kleinen Schwester – machen Sie erst einmal eine riesengroße Wunschliste, auf die jeder eintragen kann, wer dabeisein soll und muß. Streichen können Sie ja später immer noch!

Einladungen, Tisch- und Menükarten. Sie können die Gäste telefonisch zur Hochzeit einladen oder – schöner auch mit Blick auf das später angelegte Hochzeitsalbum – eine tolle Einladung verschicken. Wenn Sie Kosten sparen möchten: Wie wär's mit handgeschriebenen? Zum Beispiel mit einem Kinderfoto von Braut und Bräutigam oder beide in nostalgischer Hochzeitsmode wie anno dazu-

Menükarten sehen nicht nur hübsch aus, sondern sind später eine schöne Erinnerung

mal (kann man im Kostümverleih ausleihen)? Zusammen mit einem »Text von Herzen« oder einem ausgesuchten Gedicht wirkt das sehr persönlich. Man kann die Einladung natürlich auch drucken lassen oder vorgedruckte Hochzeitskarten nehmen, in die nur noch Namen, Datum, Ort und Uhrzeit eingetragen werden. Bedenken Sie: Je größer das Format der Einladung, desto teurer das Porto, und je aufwendiger Schrift und Papier, um so höher die Kosten. In jedem Fall praktisch: der Zusatz »Um Antwort wird gebeten bis zum ...« – das erleichtert Ihnen die Planung ganz erheblich. In der Druckerei können Sie übrigens gleich Tisch- und Menükarten sowie Danksagungen mit in Auftrag geben, so gibt es einen einheitlichen Stil und vielleicht auch einen Sonderpreis. Und wenn Sie ein Programmheft für die kirchliche Trauung wünschen – auch das kann man drucken lassen.

Das Hochzeitsmenü. Fünf Gänge, drei Märsche ans Buffet oder lieber Onkel Gustav am Grill? Bevor man tief in die Tasche greift, läßt sich manchmal ein echtes Gourmet-Talent in der näheren und weiteren Verwandtschaft oder Freundesclique finden. Das heißt mindestens ein halbes Jahr vorher das Feld sondieren.

TEILEN SIE DEN KIRCHENSCHMUCK

Erkundigen Sie sich bei der Pfarrsekretärin, ob am selben Tag vor oder nach Ihnen eine weitere Trauung in der Kirche stattfindet – vielleicht können Sie gemeinsam mit dem anderen Paar den Blumenschmuck auswählen – und die Kosten teilen!

Duftende Blumen, sanftes Kerzenlicht, festliches Geschirr – schöne Stimmungsmacher für die Hochzeit

Die Tischordnung. Erst die richtige Mischung von Leuten garantiert, daß die Stimmung steigt. Und genau diesen Mix haben Sie bei Ihrer Hochzeit: Junge und Alte, Paare und Singles, Ausgeflippte und Intellektuelle, dazu noch ein paar Paradiesvögel, und schon wird das Fest ein voller Erfolg. Wenn zwei Menschen ihre gesammelten Leutchen zusammentun, ergibt sich fast immer dieses Bild. Jetzt heißt es nur noch klug plazieren: Spannender wird es, wenn Sie Paare auseinandersetzen. Auch Frischverliebte gehören nicht Seite an Seite – die schauen sich sonst nur tief in die Augen und tragen damit nicht gerade zur guten Stimmung bei. Außerdem sollten Sie nie alle schwierigen, weil streitsüchtigen, langweiligen oder egozentrischen Gäste an einen Tisch setzen. Locker untergemischt fällt dieser Typus dagegen kaum auf oder ist im Gegenteil sogar eine Bereicherung fürs Fest. Tip zur Planung: Sitzplan aufzeichnen, Namen auf Haftzettelchen schreiben und loskombinieren. Alles ganz nach dem Motto: gemeinsames Hobby, ähnliche Interessen, gleiche Branche oder Bekannte etc.

Die Tischdekoration. In Restaurants und Hotels wird die Dekoration der Tafel und das Schmücken des Raumes fast immer mit angeboten – natürlich schlägt sich das auf der Rechnung nieder. Lassen Sie sich in jedem Fall den Stil genau erklären, besser noch auf einem Foto zeigen. Wer zu Hause feiert, kann Blümchen und Gestecke selber binden oder einfach Blüten und Blätter auf die Tafel rieseln lassen. Sparen kann man auch beim Geschirr: Witziger Muster-Mix entsteht, wenn man bei Freunden und Verwandten in die Schränke schaut und prüft, was sich kombinieren läßt.

Die Reden. Davon läßt sich noch lange erzählen: Wie Papa wochenlang vorher seine Rede formuliert und in Stichpunkten auf tausend Spickzettel niedergeschrieben hat – um die gesammelten Werke dann zu Hause zu vergessen und am Ende eine Rede aus dem Stegreif zu halten. Regeln, wer was vorträgt oder überhaupt zu Wort kommt, gibt es heute nicht mehr. Selten und deshalb beeindruckend: Wenn die Braut aufsteht, Gäste noch einmal begrüßt und erzählt, wie ihr ums Herz ist. Nur Mut! In jedem Fall praktisch, wenn es mehrere Redner gibt: die Reihenfolge klären und die Restaurantküche bitten, zwischen den einzelnen Gängen eine kleine Pause einzulegen, damit die Redner ihre Worte ohne herumwieselnde Kellner loswerden können.

Die Hochzeitstorte. Einstöckig, vierstöckig oder soll auch noch jemand herausspringen? Worauf man in jedem Fall achten sollte: daß Marzipan mit von der

Gibt der Liebe Süße: die Hochzeitstorte

Partie ist. Denn es besteht aus Zucker, Mandeln und Rosenöl – allesamt Symbole für Glück, Liebe und Leidenschaft.

Die Musik. Eine echte Herausforderung! Weil alles, was bezahlbar ist und auch noch für gute Stimmung sorgt, ein Geschenk des Himmels ist. Lösungen: Die Combo mit Disco-Musik genauso wie DJs vermitteln der Künstlerdienst des zuständigen Arbeitsamtes oder spezielle Agenturen (Gelbe Seiten). Andere Idee: Rufen Sie doch einfach bei Ihrem Lieblingsradiosender an und erbitten Sie dort akzeptable Vorschläge. Man wird sich bemühen – zur Förderung der Hörer-Sender-Bindung.

Tanz. Zu Herzen geht immer noch der Brautwalzer – oder der Ehrentanz zu Rockmusik. Pflichttänze und feste

AUSPACKEN DER GESCHENKE

Bei einer großen Hochzeit geschieht das auf keinen Fall während des Festes, sonst haben Sie keine Zeit mehr für Ihre Gäste. Besser ist es, die vielen Päckchen und die dazugehörigen Kuverts in Ruhe etwas später zu öffnen. So haben Sie außerdem die Sicherheit zu wissen, was von wem kommt.

Regeln, wer mit wem, gibt es heute nicht mehr. Trotzdem freuen sich fast alle Eltern, wenn sie von ihren Kindern im Anschluß an den Eröffnungstanz des Brautpaares auf die Tanzfläche geholt werden.

Tischordnung: lange Tafel oder mehrere Tische?

Ob Sie Ihre Gäste an einer langen Tafel oder an mehreren kleineren Tischen plazieren, hängt ganz von der Räumlichkeit ab. Eine lange Tafel wirkt festlicher, aber mehrere Sechser- oder Achtertische sind »gesprächsfreundlicher«.

Die Geschenkeliste. Designer-Geschirr und schicke Chromtöpfe – alles zueinander passend. Das bekommt man, wenn man eine Hochzeitsliste in Geschäften mit entsprechendem Angebot auslegen läßt. Wer das unpersönlich oder unpassend findet, muß damit rechnen, eine unglaubliche Anzahl von Vasen geschenkt zu bekommen. Dazu Pürierstäbe im Dutzend, hübsch geblümte Espresso-Maschinen oder Nützliches wie Handstaubsauger oder Nudelmaschinen – alles Geschmackssache! Bei den meisten Spezialgeschäften können auch Hochzeitsgäste aus anderen Städten telefonisch Geschenke von der Liste ordern und dem Brautpaar überbringen lassen.

Foto und Video. Nichts ist schöner, als später die ganze Hochzeit Kindern und Kindeskindern zu zeigen. Toll, wenn man sowohl Fotos als auch Videos hat, denn ein Fotoalbum läßt sich schneller aufschlagen als ein Video einlegen. Für Foto- und Filmaufnahmen kann man Profis engagieren (Branchenbuch) oder Freunde und Verwandte bitten.

Die Zeitungsanzeige. Am besten stimmen Sie Text und Form mit der auf den Einladungskarten gewählten Version ab.

Die Danksagungen. Gute Manieren kommen nie aus der Mode: Wer Geschenke und Blumen mitgebracht hat, hat ein Dankeschön verdient. Dabei sollten auch auf gedruckten Karten ein paar persönliche Zeilen nicht fehlen.

Checkliste: Machen Sie einen Terminplan

Natürlich können Sie Ihre Hochzeit ewig im voraus planen – oder aber blitzschnell heiraten. Hier eine Checkliste, was Sie wann erledigen sollten:

8 bis 6 Monate vorher

* Hochzeitstermin festlegen (dabei Feiertage und Urlaubszeit beachten)
* Mit den Trauzeugen sprechen
* Familien-Zusammenführung planen
* Kostenrahmen abstecken
* Gästeliste aufstellen

6 Monate vorher

* Hochzeitstermin beim Arbeitgeber bekanntgeben – es gibt 3 Tage Sonderurlaub!
* Nach Hochzeitskleid und Standesamt-Outfit Ausschau halten
* Standesamt-Papiere zusammentragen
* Kirchliche Trauung vorbereiten – Kirche reservieren und mit dem Pfarrer sprechen
* Restaurants aussuchen, verschiedene Kostenvoranschläge einholen und buchen
* Foto, Video, Musik klären
* Eventuell Hochzeits-Service mit der gesamten Organisation oder Einzelheiten beauftragen
* Preisangebote von Druckereien für Einladungen, Tisch- und Menükarten einholen und Auftrag vergeben

5 bis 4 Monate vorher

* Hochzeitsfahrzeug (Oldtimer, Kutsche) buchen
* Einladungen verschicken, eventuell Anfahrtsplan dazulegen
* Foto, Video, Musik buchen
* Flitterwochen planen (auch an mögliche Impfungen denken!)
* Aufgebot bestellen

3 Monate vorher

* Termin beim Friseur zur ersten Besprechung und einen weiteren zur Hochzeit vereinbaren
* Make-up über Make-up-Agenturen (Gelbe Seiten) oder auch beim Friseur buchen (am entspanntesten ist es, wenn Friseur und Visagist nach Hause kommen)
* Hochzeitsreise? Wenn ja, dann spätestens jetzt buchen. Pässe überprüfen
* Hochzeitsliste in Fachgeschäften auslegen lassen, Gäste informieren. Spezialisierte Geschäfte verfügen über vorgedruckte Kärtchen, die man schon der Einladung beilegen kann (praktisch, aber Geschmackssache)
* Hochzeitstermin bei Standesamt und Pfarrer überprüfen

10 Wochen vorher

* Eventuell Übernachtungen der Gäste und Hochzeitsnacht des Brautpaars im Hotel organisieren
* Programmablauf für die Hochzeitsfeierlichkeiten festlegen

2 Monate vorher

* Trauringe anfertigen lassen oder fertige aussuchen, in der richtigen Größe bestellen und gravieren lassen
* Hochzeitsliste überprüfen und eventuell ergänzen
* Traugespräch mit dem Pfarrer vereinbaren
* Kosten für die Feier überprüfen – und aufstocken oder streichen
* Ehevertrag ja oder nein, gegebenenfalls einen Termin beim Notar vereinbaren

6 WOCHEN VORHER

* Gästeliste überprüfen und eventuell ergänzen (Nacheinladungen, falls zu viele Absagen)
* Polterabend planen
* Versicherungen überprüfen: Lebensversicherung, Hausrat, Unfall, Rechtsschutz, Haftpflicht, Krankenversicherung

1 MONAT VORHER

* Spätestens jetzt Hochzeitskleid, -Anzug und Standesamt-Outfit kaufen bzw. noch ändern lassen
* Brautstrauß (Aufgabe des Bräutigams!) und Blumendekorationen bestellen
* Hochzeitstorte bestellen
* Besuch bei der Kosmetikerin und weiteren Termin vor der Hochzeit vereinbaren
* Hochzeitsreise, alles komplett?
* Formlos zum Polterabend einladen
* Friseurtermin für den Bräutigam vereinbaren – am besten zwei Wochen vor dem Fest
* DJ oder Band briefen und eventuell Musik in der Kirche checken (zum Beispiel mit dem Organisten sprechen oder sich vergewissen, ob es in der Kirche genügend Anschlüsse für Tonband etc. gibt)

2 WOCHEN VORHER

* Friseurtermin und eventuell Make-up für die Braut. Paßt der Termin auch genau zum Tagesablauf? Wenn nicht, korrigieren.
* Selber schminken? Dann anfangen zu üben!
* Tischordnung festlegen, eventuell Tischkärtchen schreiben und dem Restaurant mit einem gezeichneten Sitzplan übergeben, damit entsprechend gedeckt werden kann
* Das Fachgeschäft, das die Hochzeitsliste betreut, informieren, wohin die Präsente geliefert werden sollen

1 WOCHE VORHER

* Eheringe abholen
* Brautkleid mit allem Zubehör anprobieren

* Hochzeitsschuhe zu Hause einlaufen
* Besuch bei der Kosmetikerin
* Schminken üben!
* Münzen für Trinkgelder besorgen
* Polterabend vorbereiten
* Eventuell Generalprobe mit Blumenkindern machen
* Liste vorbereiten, auf der am Hochzeitstag eingetragen wird, wer was geschenkt hat
* Details des Hochzeitsablaufs noch einmal mit Hotel oder Restaurant besprechen

1 Tag vorher

* Ausruhen und vielleicht einen Safttag einlegen und/oder stilles Mineralwasser trinken – das macht einen schönen Teint am Hochzeitstag

Der Hochzeitstag

* Aufstehen, duschen, schminken, anziehen, frisieren und ab geht's!

2 Wochen danach

* Danksagungen verschicken
* Eventuell Papiere ändern lassen

Diesen Zeitplan können Sie nie und nimmer einhalten?
Sie sind nämlich schon viel zu spät dran? Macht nichts! Es soll Paare geben, die blitz-geheiratet haben, niemandem etwas verraten haben und nur mit sich selbst gefeiert haben – und damit himmelhochjauchzend glücklich wurden!

Hier kommt die Braut!

Die besten Tips und Tricks für Ihr Super-Outfit

Was zieh' ich an? Mit dieser Frage schlagen sich die meisten Frauen schon lange vor der Hochzeit rum. Denn natürlich will man an diesem Tag besonders gut aussehen. Dabei ist die zentrale Frage (zumindest beim Standesamt) nicht: Rock oder Hose? Viel eher sollte sie sein: Was für ein Typ bin ich?

Manche Frauen wissen das genau: Ob zum Job, nur kurz zum Bäcker oder eben zur Hochzeit – während der Rest

der Menschheit grübelt, sind sie schnell fertig. Und natürlich auf den Punkt gestylt. Wie schafft man das? Ganz einfach! Nur wenn man seinen eigenen Stil gefunden hat. Kennen Sie Ihren? Was für ein Typ sind Sie – eher der weibliche, der natürliche oder der flippige Typ? Entsprechend dem »inneren Feeling« muß die äußere Hülle ausfallen! Das, was wirkt, sind nämlich nicht die perfekten Körpermaße, das ebenmäßige Gesicht oder das superteure Outfit, sondern die Ausstrahlung. Passen die Signale zusammen – Inneres und Äußeres bilden eine Einheit –, dann werden wir von unseren Mitmenschen als anziehend, interessant oder eben als richtig schön empfunden. Egal, wie groß, klein, dick oder dünn wir sind.

Typgerecht zum Standesamt

Kommen Sie sich selbst auf die Spur: Wie sind Sie? Lesen Sie in Ruhe die nachfolgenden vier Frauenbilder durch! Erkennen Sie sich? Prima, dann wissen Sie auch gleich, welcher Mode-Stil für Sie in Frage kommt. Sind Sie sich nicht schlüssig oder haben von allem ein bißchen in sich – dann ist Ihre Persönlichkeit auch vielschichtig. Das heißt ausprobieren, wonach Ihnen im Augenblick modisch ist – vor allem mit Blick auf die Hochzeit! Oder sind Sie sich einfach unsicher? Dann überlegen Sie, welche Moderichtung Ihnen intuitiv am ehesten zusagt. Konzentrieren Sie sich allein auf diesen einen Stil, und Sie werden nicht nur bei Ihrer Hochzeit toll aussehen, sondern auch in Zukunft viel (stil-)sicherer 'rüberkommen.

Die Kompetente

Sie möchten gern mitreden. Und das können Sie auch gut – zu Themen, bei denen Sie sich auskennen, kommt bei Ihnen immer Hörenswertes. Wenn Sie nicht Bescheid wissen, sind Sie der Typ, der zuhört und lernt, damit er in Zukunft weiß, was Sache ist. Ihre Art kommt nicht von ungefähr: Sachkenntnis wurde in Ihrer Familie trainiert – gute Noten waren Pflicht! Und die möchten Sie auch heute noch bekommen. Deshalb geben Sie immer hundert Prozent. Wenn Sie berufstätig sind, dann sind Sie zumindest im Begriff, Karriere zu machen. Vorausgesetzt, Sie sind nicht zu bescheiden. Denn das ist Ihr Schwachpunkt: Wo andere klappern, bleiben Sie diskret im Hintergrund. Vergessen Sie nicht, innere Werte und Ansprüche auch modisch zu verpacken. Auch bei Ihrer Hochzeit!

Genau Ihr Stil: Schlichte Eleganz Dunkle Farben sind für Sie wie geschaffen. Hosenanzüge und Kostüme mit weißen Blusen ein Muß! Denken Sie sich ein bißchen in den maskulinen Stil und veredeln Sie Schlichtes mit klaren Accessoires – besser der klassische Clip als der Super-Klimper-Ohrring. Tragen Sie schmale lange Kleider, enge Röcke – alles in den Farben Schwarz, Blau oder Braun und dazu dunkle Strümpfe. Knoten Sie das weiße Männer-hemd über engen schwarzen Lederhosen, und tragen Sie's zum feinen schwarzen Blazer oder Nadelstreifen-Anzug. Goldknopfblazer, Tweed-Optik, der helle Trench über kurzem Jackie-O.-Kleid oder helle Creme-Töne – als Hosenanzug oder Kostüm – alles Ihr Ding. Schuhe? Der klassische Slipper zum Hosenanzug, Pumps – zum Beispiel mit Riemchen – zu Kleidern und Kostümen. Schmuck: Silber und Platin hat Ihre Klasse. Dazu die schmale Uhr mit Lederband.

Die Kreative

Sie sind die Frau mit dem flotten Spruch, der witzigen Idee oder dem ausgefallenen Hobby. Wo Sie auch gehen und stehen: Sie fallen auf! Und das möchten Sie auch gerne. Nichts ist so langweilig, wie übersehen zu werden. Eine Einstellung, die Sie wahrscheinlich schon seit der Kindheit pflegen. Früh übt sich, wer Aufmerksamkeit haben möchte! Sie neigen dazu, sich in den Mittelpunkt zu stellen. Und warum auch nicht? Sie sind eine Persönlichkeit und keine graue Maus. Und genau das sollten Sie auch optisch ausdrücken!

Genau Ihr Stil: flippige Extravaganz! Mit dem Pop-Art-Hänger zum Standesamt. Die Schlaghose zu Plateau-Schuhen, das Blümchenkleid zu derben Stiefeln, die Jeans-Jacke zum cremefarbenen Overall – Ihnen steht's. Bei Ihnen darf die Kleidung lollypopbunt, transparent oder knalleng sein – auch oder gerade zu besonderen Anlässen. Oder wie wär's mit Animal-Print? Ein langer Rock oder eine Hose mit Kuhfell-, Tiger- oder Reptil-Druck, dazu ein schwarzer Blazer und Pumps – einfach scharf. Wenn Schwarz, dann steht Ihnen diese Farbe nostalgisch aufgemöbelt: mit Spitzenhandschuhen, Rüschenblusen oder auf alt getrimmten Silbergürteln. Schuhe? Toll, die Oma-Pumps mit gebogenem Absatz oder hippe Turnschuhe mit Stöckeln. Accessoires: Kettengürtel sind wie für Sie gemacht.

Und wenn Sie nicht ohnehin schon ein Hut-Fan sind, dann probieren Sie die schicken Kopfputzer! Die klassische Kappe zum strengen Kostüm, Netzstrümpfe und Halsband mit Amulett – alles in Schwarz. Das sieht einfach toll aus!

Ganz schön kreativ: T-Shirt und langer Rock, dazu ein Tüllschleier und feine Spitzenhandschuhe – fertig ist die Braut

Wer zierlich ist, macht in fließenden, auf Figur geschnittenen Kleidern eine gute Figur

Hauptsache Weiß: eine Strickjacke, auf Taille gegürtet, zum langen Kleid oder Rock – richtig festlich!

Hosenanzug für die Braut? Mit feinem Spitzenhemd und auffallend schönen Ohrringen ein richtiger Hingucker

Die Natürliche

Sie sind die Sympathische. Alle Welt schätzt an Ihnen Ihre unkomplizierte und offene Art. Sie können Menschen im Handumdrehen für sich einnehmen. Aber: Wenn Ihnen etwas gegen den Strich geht, dann können Sie auch unverblümt Ihre Meinung sagen. Eigentlich strahlen Sie in jeder Lebenslage Freundlichkeit aus, Sie sind genau der Typ, mit dem man »Pferde stehlen« kann. Trotzdem sind Sie natürlich nicht immer nur lustig, Sie kennen auch stille Momente, in denen Sie sehr nachdenklich sind. Das gehört für Sie alles mit zum Leben – total normal. Mode muß bei Ihnen deshalb Ihre spontane und warme Art widerspiegeln.

Genau Ihr Stil: sportliche Lässigkeit! Keine Angst, Sie sollen nicht im Jogging-Anzug vor dem Standesbeamten erscheinen. Aber in Sachen, in denen Sie sich wie zu Hause fühlen. Keine Klamotten, die einengen oder empfindlich aussehen. Wie wär's mit Hemdblusen, Westen, langen Strickjacken, schwingenden Jacken in A-Linie – alles zu Stretchröcken. Oder lieber eine knappe Jacke im Jeans-Look zur Marlene-Hose? Alles in Beige-, Creme-, Sand- und Pudertönen – Farben, die schön warm aussehen und Ihre Art optisch widerspiegeln. Auch bei den Accessoires sollten Sie auf Naturtöne und -materialien setzen: Horn, Muscheln, Perlmutt oder Holz – vorwiegend als Ketten und Armbänder – sehen an Ihnen toll aus. Wenn's sehr festlich sein soll: Warme Goldtöne bei Mode und Accessoires transportieren Ihre innere Harmonie nach außen. Schuhe? Warum nicht mit Kork- oder Holzsohlen, dazu Leder oder Stoff in heller Optik.

Die Weibliche

Sie sind der sinnliche Typ. Mit Herz und Intuition bestückt, reagieren Sie nie cool. Sie sorgen sich um Ihre Mitmenschen und sind besonders warmherzig angelegt. In Ihnen steckt aber auch eine gute Portion Erotik –

DER PO – AM BESTEN RUND

Neu sind »Push-up«-Miederhöschen mit spezieller Paßform, die es schaffen, »flach« auf »plastisch rund« zu mogeln. Das sieht besonders gut aus, wenn Sie ein enges Schlauchkleid tragen, in dem der Po weiblich sexy wirken soll. Was auch funktioniert: Schwellende Oberschenkel werden mit einem Höschen, an dem ein gutes Stück Bein angenäht ist, auf Linie getrimmt. Wer die Figur nur ein bißchen formen möchte? Strumpfhosen und Strümpfe gibt es mit verstärktem, elastischem Faden – so bekommt das Gewebe einen sanften Kick.

auf Männer wirken Sie ganz schön verführerisch. Aber nur, wenn Sie wollen! Sie sind nämlich auch der Typ, der seine sensible Seite nicht zuläßt und lieber burschikos reagiert. Auch im Styling – Jeans und Turnschuhe tragen Sie oft und gerne.

Genau Ihr Stil: feminine Sinnlichkeit! Hier geht es nicht darum, Ihre Reize zur Schau zu stellen, sondern »Pluspunkte« ganz natürlich zu zeigen. Worauf sind Sie stolz? Auf die Taille, den Busen, die langen Beine, einen wohlproportionierten Po? Dann verstärken Sie Schönes! Mit breitem Gürtel, Bustier unterm Blazer, kurzem Mini oder tief dekolletiertem Schlauchkleid. Weibliche Formen gehören in Szene gesetzt, sonst sieht man(n) sie ja nicht. Auch wenn Sie glauben, Sie hätten ein paar Pfund zuviel. Sinnlichkeit braucht Körperbetontes, und mit Elastik-Klamotten läßt sich auch ein Zuviel an Hüften, Bauch und Schenkeln gut zurechtrücken. Nicht ganz so eng? Wie wär's mit fließenden Blümchenkleidern, Wickeltops und -röcken, langen Trägerkleidern, und wenn es Hosen sein sollen – dann Anzüge mit Gehrock-Jacke. Wer nicht zu sexy aussehen möchte, greift zum romantischen Stil: zum Beispiel zu Kleidern. Mit Carmen-Ausschnitt, Spaghetti-Trägern (über zuviel Ausschnitt kann man eine kleine Bluse knoten), mit viel Spitzen (eng oder weit im Wäsche-Stil) oder in Baby-Doll-Optik – alles Ihr Stil! Die Farben? Rot wirkt super-feminin: Burgunderrot, Knallrot, Orangerot, Braunrot – welcher Ton es sein soll, das müssen Sie ausprobieren. Fest steht, daß Sie in Rot wahnsinnig weiblich aussehen. Gibt es sinnliche Schuhe? Aber ja! Zum Beispiel Guckloch-Pumps, die hochgelegte Sandale mit Fersenfreiheit oder Geschnürtes in jeglicher Form – aber immer mit Absatz! Accessoires: Ihnen steht echter alter Schmuck, Rotgold und auch die dramatische Riesencreole.

Dick oder dünn? Beim Styling kann man ganz schön tricksen!

Versuchen Sie nicht, Ihre Figur umzumodeln, sondern betonen Sie Stärken und mogeln Sie bei Schwächen. Das funktioniert wunderbar mit dem sogenannten Lagen-Look: Klamotten drunter und drüber tragen – so werden Proportionen ins rechte Licht gerückt.

Sind Sie groß und kräftig? Dann können Sie sich viele Lagen leisten! Eine lange, gerade Jacke über einem schmalen Rock oder einer Hose ist genau richtig. Darunter passen lange Hemden, kürzere Westen, ein Schal oder viele Klimper-Ketten – alles ideal, um die Größe wirkungsvoll zu unterteilen. Was Sie nicht brauchen: hohe Absätze. Besser sind flache Schuhe, die nicht noch zusätzliche Zentimeter bringen.

Sind Sie klein und zierlich? Dann steht Ihnen die schmale Linie: fließende, nicht zu lange Kleider (toll zur perfekten Figur: knalleng). Dazu ein Bolero-Jäckchen oder eine unter dem Busen geknotete Bluse. So rutscht die Taille höher, und die Beine (am besten mit Pumps beschuht) wirken länger. Lieber im Anzug? Nicht zu weit – in Marlene-Hosen »ertrinken« Sie. Besser: schmale Hose, figurbetonte Jacke und dazu wieder Absatz an den Füßen.

Sind Sie klein und rundlich? Dann »bauen« Sie sich eine Taille mit lockeren Lagen: Basisstück ist eine mäßig weite Hose oder ein enger, knöchellanger Stretchrock. Dazu eine lange Wohlfühl-Bluse, die Sie ab Taille offen lassen, und eine kürzere Weste oder Blazer, ebenfalls offen getragen. So wirkt die Figur hübsch unterteilt. Was ebenfalls gut wirkt: Plateausohlen oder Schuhe mit Absatz – gut ist alles, was mehr Körpergröße bringt.

Haben Sie einen kurzen Oberkörper, aber lange Beine? Dann tragen Sie Mini! Mit einer engen Schößchen-Jacke oder kastig gerade geschnittenem Blazer (ebenfalls eng) haben Sie eine Superfigur. Wenn Sie einen großen Busen haben? Dann spielen Sie wieder mit Lagen, aber nur in dunklen Farben: zum Mini Weste und Blazer mit Knopfleiste (weiß oder farbig) – das streckt und schmückt gleichzeitig.

Haben Sie einen langen Oberkörper und kurze Beine? Unterteilen Sie richtig! Ganz gleich, ob Sie Anzug oder Kostüm wählen, betonen Sie immer die Taille mit einem Gürtel. Tragen Sie Shirts und Hemden grundsätzlich in die Hose oder den Rock gesteckt. Darüber kann ja ruhig noch Weites flattern. Schuhe? Mit Absatz wirken die Beine länger.

Sind Sie üppiger als andere? Pfunde zuviel, die können von Mensch zu Mensch an den unterschiedlichsten Stellen sitzen – breite Hüften, dicke Beine, das heißt Mode immer anders drapieren:
Kräftig, aber gut proportioniert? Betonen Sie Busen und Hüften, und zeigen Sie – wenn Sie haben – eine schlanke Taille. Mit Bodies, die hervorblitzen unterm Blazer, oder geknoteten Blusen unter Jacken zu Röcken und Hosen. Zu starke Schenkel? Dann passen weite Hosen und lockeres Darüber.
Oben schmal, ab Taille rund? Tragen Sie enge Hosen, lange, figurnahe Röcke und darüber weite Blusen, lange Stricksachen ohne Bündchen oder Schlabber-Blazer.

Busen und Bauch sind rund? Aber sonst ist Figur da? Warum dann immer weitfallende Sachen, die einen oft unnötig dicker erscheinen lassen? Besser: schmale Röcke und Hosen, dazu hautnah geknöpfte Jacken. Auch Minis (bis zum Knie) können Sie tragen – mit dunklen Strümpfen und hohen Hacken.
Von Kopf bis Fuß eine Rubens-Figur? Weichen Sie aus auf bequeme Stricksachen, die nicht kneifen und einengen. In hellen, freundlichen Farben wirken Rock und Jacke zwar lässig, aber immer noch elegant genug, um darin zum Standesamt zu marschieren. Hemden gibt es kaum in Ihrer Größe? In der Herren-Abteilung ist das feine Weiße in lockerer Größe problemlos zu haben. Wenn Sie große Füße und kräftige Beine haben: Versuchen Sie nicht, sich in zierliche Schuhe zu zwängen – klassische, flache Schuhe wirken besser zu Ihrer

Der Busen – ein pralles Wunder

Ob groß oder klein: Schön rund und straff soll er sein. Und genau so muß er aussehen, wenn Sie in einem Traum in Weiß vor dem Altar erscheinen. Für die perfekte Wirkung spielt der BH natürlich eine tragende Rolle – formen, stützen und schmücken soll er. Hochzeitskleider haben nämlich fast immer viel Dekolleté, und da muß beim Fest der Feste Appetitliches drinstecken.

- Sofort-Tip für feste Haut: ein Eis-BH! Eiswürfel in ein Handtuch drehen, um die Brust wickeln und das Ganze etwa 5 Minuten tragen. Hilft zwar nicht dauerhaft, aber die Haut steht stramm, und das für eine ganze Weile. Mit dem richtigen BH läßt sich der Busen zusätzlich in Bestform bringen.
- Bei kleinem Busen peppt ein Bügel-BH die Rundungen auf. Dazu gibt es spezielle Polster (kann man herausnehmen), die zusätzlich formen.
- Bei großen Busen ist weniger mehr: Ein gut sitzender BH ohne Stäbchen rückt das Dekolleté zwar zurecht, aber nicht so sehr in den Vordergrund.
- Der Busen ist nicht in Hochform, Sie wollen aber viel Dekolleté zeigen? Lassen Sie sich einen BH direkt in den Ausschnitt oder ins Kleid einnähen, so wird der Busen sanft gestützt, und es stören auch keine Träger.
- Auch machbar: unsichtbare Pölsterchen zum Aufkleben unter dem Busen. So wird das Dekolleté gefüllt, und bei schulterfreien Outfits ersetzt das den BH.
- Dem Busen Halt geben und außerdem noch eine schöne Taille zeigen? Bodys gibt es mit oder ohne Bügel und mit verstärkter Mitte – so wird die weibliche Linie betont und auch ein Bäuchlein in Zaum gehalten.

Prima: Mehrere Tüllagen lassen ein kleines Bäuchlein oder runde Hüften ganz geschickt verschwinden

Halterneck-Kleider bieten eine tolle Rückansicht, und die Schultern kommen wunderbar zur Geltung

Wer ein schönes Dekolleté hat, sollte es auch zeigen: Crèmefarbene anstatt strahlend weiße Stoffe lassen zudem die Haut perfekt schimmern. Und bodenlang lenkt das Kleid die Blicke auf den großzügigen Ausschnitt.

Figur. Und noch ein Tip: Es soll unbedingt ein feiner Stoff sein? Lassen Sie sich ein schlankmachendes Kostüm schneidern – mit nicht zu breiten Blockstreifen, längerem Rock und weit fallender Jacke (auch gut: die A-Linie). Dazu nichts drunter und zum Beispiel ein Pünktchen-Tuch in den gleichen Farben von Kostüm oder Anzug im Ausschnitt oder um den (schlanken!) Hals.

Ganz in Weiß - für Kirche und festliche Anlässe

Für die Braut in Weiß gelten eigene Regeln, die auch mit Mode, aber vor allem mit Tradition zu tun haben. Das Traumkleid für die Kirche und das anschließende Superfest hat viel mit dem persönlichen Geschmack zu tun, aber auch mit den Hochzeitsfeierlichkeiten.

Als Faustregel gilt: Je größer der Rahmen, um so prachtvoller darf das Brautkleid sein. Was eigentlich nicht geht: das Brautkleid ausschließlich fürs Standesamt. Es sei denn, Standesamt und kirchliche Trauung finden am gleichen Tag und kurz hintereinander statt. Trotzdem wird Ihnen natürlich niemand das Tüllkleid in Weiß – nur zum Behördengang – verbieten. Sie müssen sich nur klarmachen, daß es nicht die Norm ist und Abweichungen von der Etikette mit größtem Selbstvertrauen zu meistern sind.

Das ist Ihr Traum-Kleid!
Damit Sie mitreden können, welcher Stil des Kleides Ihnen figur-technisch gesehen am besten steht – hier finden Sie, worauf es ankommt.

SCHLEIER, DIADEM, KRANZ ODER EINZELNE BLÜTEN?

Der Kreis – ohne Anfang und Ende – verkörpert die Ewigkeit und spielt deshalb bei Trauungsritualen eine wichtige Rolle. Ebenso wie der Ring verkörpern Kränze und Diademe diese Symbolkraft. Dem immergrünen Myrthenkranz mit den kleinen weißen Blüten sprach man in der Antike magische Kräfte zu – er soll Liebe und Ehe vor Gefahren schützen. Und die symbolische Bedeutung des Schleiers? Hinter dem feinen Gespinst können böse Dämonen die Braut nicht finden. Verhüllt schritt sie zum Altar, und der Bräutigam war derjenige, der sie enthüllen und fortan beschützen mußte. Heute hat der Kopfschmuck mehr mit Ihrem Geschmack als der symbolischen Bedeutung zu tun. Was hilft bei der Entscheidung: Probieren Sie verschiedene Varianten aus, schminken Sie sich, und prüfen Sie den Gesamteindruck – am besten mit Brautkleid.

Kopfschmuck gibt's im Brautmoden-Geschäft: gut festnadeln und noch extra Haarklemmen einstecken

Hüte waren früher nur was für's Standesamt. Jetzt gibt es sie immer öfter auch zum bodenlangen, romantischen Hochzeitskleid

Ideal für zierliche, kleine Frauen: »Schößcheneffekt« und keine voluminösen Extras. Wer eine besonders schmale Taille haben möchte, trägt drunter ein Mini-Taillen-Korsett – heute gibt es sie mit figurformendem Elasthan, anstatt schwindelerregendem Fischgrat

Sie möchten nicht unnötig groß erscheinen? Günstig sind Hochzeitskleider, die mit Volants besetzt sind und so die Länge wirkungsvoll unterteilen

Hochzeitskleider ücken meist Busen und Dekolleté ins rechte Licht, da kann so eine Rückansicht unerwartet toll aussehen. Tip: Was mag hr Bräutigam denn an Ihnen am liebsten? Schließlich möchten Sie doch ir ihn die Schönste sein!

Der schönste Tag im Leben: Auch wenn Sie sonst eher kamerascheu sind, lassen Sie verschwenderisch viele Fotos von sich machen. Erstens ist nicht jeder Schuß ein Treffer. Und zweitens gucken Sie später immer wieder gerne Ihre Hochzeitsfotos an – und mit Ihnen alle lieben Mitmenschen!

Große Frauen, die nicht zu »lang« wirken wollen, unterteilen die Größe am besten mit mehreren Lagen: Das können Volants sein, die sich untereinander reihen, ein kurzes Hängerchen über dem langen Rock oder ein bauschiger Rock zu engem Oberteil. Wichtig ist die Länge des Kleides: Wenn Füße oder Knöchel sichtbar sind, sieht das optisch nach ein paar Zentimetern weniger aus!

Kleine Frauen wirken größer, wenn die Silhouette möglichst schmal gehalten wird. Das heißt nicht zu üppige Röcke, besser Kleider aus weichfallendem Stoff, die bis nahezu auf den Boden reichen. Ungünstig sind vor allem voluminöse Details – riesige Puffärmel, übergroße Kragen oder eine ellenlange Schleppe.

Zierliche Frauen können gut die Figur betonen: zum Beispiel schöne Schultern durch feine Spaghetti-Träger, Halterneck- oder Bustier-Kleider, eine schmale Taille durch Schößchen-Effekt und ein eng gearbeitetes Oberteil. Wer schöne Beine hat, sollte sie auch zeigen. Wie wär's

JEDE BRAUT BRAUCHT ACCESSOIRES

Sie haben Ihr Brautkleid gefunden? Dann suchen Sie auch gleich die passenden Accessoires dazu aus: Schleier oder Kränze aus Stoff oder echten Blüten finden Sie reichlich in Brautmoden-Fachgeschäften. Handtasche? Natürlich gibt es die in Fachgeschäften, außergewöhnliche und dazu noch preiswerte Modelle allerdings auch auf dem Flohmarkt oder in Second-hand-Läden. Mit Brautschuhen haben Sie im Moment überhaupt keine Probleme, weil helle und weiße Schuhe gerade voll im Trend liegen. Beim Brautausstatter können Sie sich aber auch Pumps mit dem Stoff Ihres Hochzeitskleides beziehen lassen. Ein Muß am Hochzeitstag: Strümpfe. Natürlich können es auch Strumpfhosen sein, das ist sogar empfehlenswert, wenn Sie den Umgang mit Haltern und Clips nicht gewohnt sind. Auf jeden Fall sollten Sie aber noch ein Paar als Ersatz dabei haben, falls Sie im Lauf des Tages eine Laufmasche bekommen. Eine schwierige Frage: Was trägt man über dem Brautkleid? Vor allem in der kalten Jahreszeit oder in zugigen Kirchen? Eine seidene Stola oder ein Bolero-Jäckchen, beides in farblich passendem Stoff, sind richtig über kurzen und langen Kleidern. Einfach märchenhaft sieht der bodenlange Umhang aus Samt oder raschelnder Seide aus. Was überhaupt nicht paßt: Trench, Blazer oder Mantel über dem Traum in Weiß. Lieber frieren als die ganze Wirkung zerstören!

mit Spitzen-Mini oder der »vorne-kurz-und-hinten-lang«-Version?

Pfundige Frauen liegen mit dem Empire-Stil richtig: ab dem Busen weichfallende Kleider, die Bauch, Hüften und Po locker umspielen. Auch hier sollten die Füße gut sichtbar sein, sonst wirkt die Figur leicht wie ein »Block«.

Alles bedacht? Trotzdem paßt in den seltensten Fällen das Brautkleid auf Anhieb. Änderungen, die natürlich gesondert berechnet werden, kann man direkt im Geschäft machen lassen, wofür mindestens eine weitere Anprobe nötig ist. Womit wir bei den Preisen wären: Brautkleider kosten in der Regel ab 600 Mark aufwärts. Je edler das Material und je mehr Details, um so mehr müssen Sie rechnen.

Das Brautkleid maßschneidern lassen?
Vielleicht wollen Sie Ihr Kleid aber lieber nähen lassen? Billiger ist das meist nicht, weil Sie sich hier in der maßgeschneiderten Ecke tummeln. Damit die Schneiderin weiß, was Sie sich vorstellen: Sammeln Sie Ausschnitte mit Traumkleidern, die Ihnen gefallen, und gehen Sie nur zu einer Schneiderin, die Sie kennen oder die Ihnen empfohlen worden ist.
Für die Schneider-Variante müssen Sie Stoffkosten plus Näharbeiten von mindestens 500 Mark rechnen, haben dann aber auch wirklich das Kleid, das Sie sich wünschen.

Schneeweiß, Cremeweiß oder ...?
Egal, wofür Sie sich entscheiden, noch ein Wort zur Farbe: Der klassische Ton für Brautkleider ist nach wie vor Weiß. Beliebt sind außerdem Ecru, Beige und Rosé, was in vielen Fällen auch schmeichelhafter zum Hautton aussieht als strahlendes Weiß. Dann gibt es noch das weite Feld der Pastelltöne bis hin zu kräftigen Farben wie Blau oder Rot – oder gleich das gemusterte Dirndl für die ländliche Hochzeit. Natürlich können Sie auch im sportlichen Hosenanzug oder im superkurzen Lack-Mini zum Altar schreiten. Alles machbar, aber auf überraschte

Wie wär's mit einem Hochzeitsbuch?

Darin können Sie persönliche Gedanken verewigen und auch alle Gäste etwas hineinschreiben lassen. Beginnen Sie das Buch mit einigen einleitenden Sätzen, Ihrem Lieblingsgedicht, Zeilen eines Lieblings-Songs oder einer Zeichnung. So nehmen Sie dem Hochzeitsgast die Hemmung, der/die »Erste« zu sein. Auch Menü-Karten, Schnappschüsse mit der Polaroid-Kamera, Schokoladen-Fingerabdrücke der Blumenkinder ... kurz, alles was Ihnen lieb und wert ist, findet hier seinen Platz.

Blicke müssen Sie dann gefaßt sein und sich trotzdem rundum wohl fühlen – nur dann sieht's prima aus.
Tip: Ein Hochzeitskleid kann man auch mieten – für 24 Stunden kostet der Traum beim Kostümverleih ab etwa 150 Mark. Änderungen kommen extra – ab etwa 40 Mark.

Etwas Blaues ...

... etwas Geliehenes, etwas Eigenes und etwas Neues! All das muß die Braut tragen, dann hält die Liebe und somit auch die Ehe. Natürlich kennen Sie den Spruch. Und: Wenn Sie abergläubisch sind, sollten Sie auf jeden Fall Vorsorge treffen, damit Sie genau das am Körper haben. Was das im einzelnen sein kann? Lassen Sie Ihrer Phantasie freien Lauf. Hier aber ein paar Anhaltspunkte, damit Sie wissen, was es denn üblicherweise sein darf:
Etwas Blaues ist in der Regel das Strumpfband, das man natürlich auch über der Strumpfhose tragen kann.

Etwas Geliehenes kann zum Beispiel die Handtasche, aber auch die Haarnadel sein.

Etwas Eigenes ist leicht: Strümpfe oder Strumpfhose, Wäsche oder was Sie sonst noch am Körper haben – es darf halt nur nichts Neues oder zu diesem Anlaß Gekauftes sein.

Etwas Neues? Mit Sicherheit werden Sie sich ein neues Outfit kaufen oder neue Schuhe? Na bitte, alles dran und alles an, was wichtig ist!

WAS MACHT MAN MIT DEM BRAUTSTRAUß?

Am besten aufheben! Zwar können Fotos oder Videos den Hochzeitsglanz festhalten, aber so richtig schön sentimental an die Hochzeit erinnern, das schafft nur ein sanfter Hauch getrockneter oder gepreßter Rosen, Iris, Veilchen ...

WOHIN DANACH MIT DEM BRAUTKLEID?

Am besten, Sie hängen es in einem Kleidersack im Schrank auf. Oder verpacken es in einem Karton mit Seidenpapier zwischen den einzelnen Stofflagen (aber auf keinen Fall Zeitungspapier – Druckerschwärze färbt ab!). Motten lassen sich mit einem Waldmeister- oder Lavendelsäckchen fernhalten. Und als kleine Erinnerung können Sie eine getrocknete Blüte Ihres Brautstraußes dazulegen – mit dem Duft besprüht, den die bei der Hochzeit getragen haben.

Brautschuhe wollen eingelaufen werden, damit nichts drückt am Hochzeitstag, vor allem, wenn Sie auf Stöckeln daherkommen möchten. Besser eine Woche vorher zu Hause öfter mal anziehen

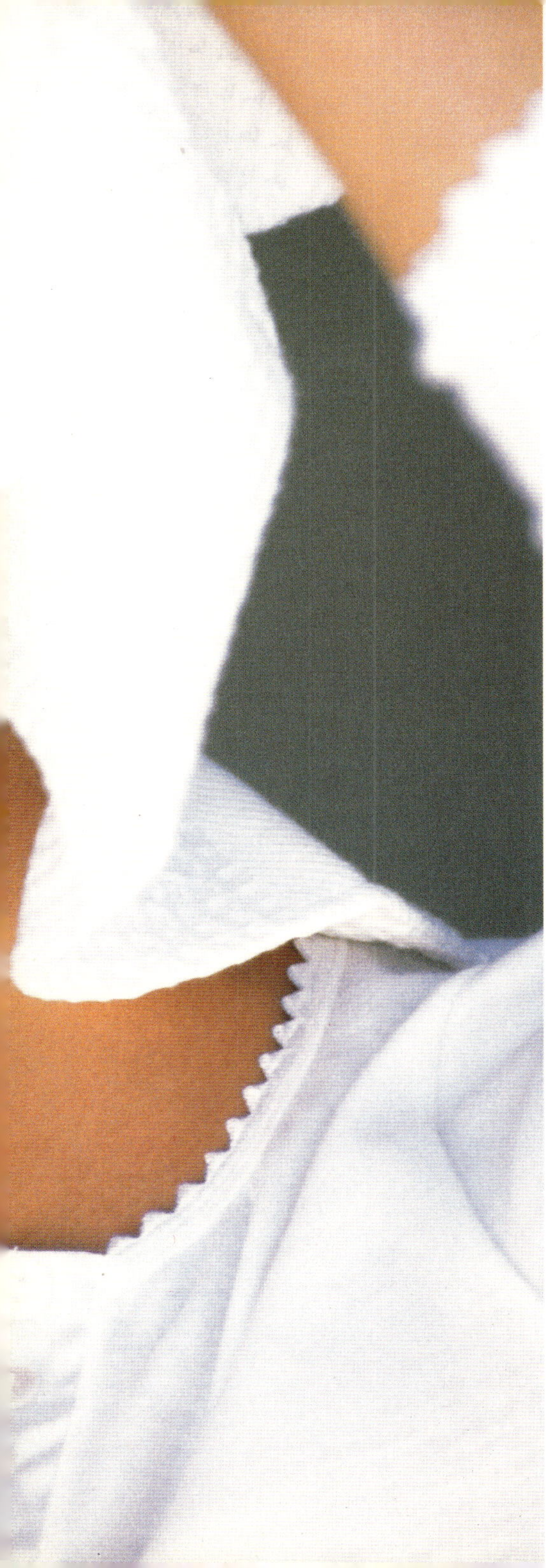

Make-up und Haare

Ganz einfach toll aussehen!

Toll aussehen – das klappt mit traumhaften Haaren und edlem Make-up. Doch spätestens wenn das Outfit für die Hochzeit ausgesucht wird, droht vielen Frauen die Schönheitskrise: Auf reiner Haut sprießen plötzlich Pickel, die Haare haben vergessen, was Stand ist, und Fältchen entdeckt man dort, wo sonst nur Porzellanteint war! Und nun? Die Hochzeit absagen, jemand anders schicken oder – Haut, Haaren und Figur einen Superservice gönnen!

Wenn Sie grundsätzlich den Typ verändern wollen, Frisur und Figur vielleicht schon länger Probleme machen? Frisurenhits, Kosmetiktips und schnelle Schönmacher für Problemzonen bietet der Abschnitt One-Week-Beauty. Was ist auch in kurzer Zeit machbar? Blitz-Ideen und Schminktips für die Hochzeit finden Sie im Last-Minute-Programm. Im Anschluß daran gibt es das Schönheitsprogramm: strahlend schön vor dem Altar. Dort finden Sie Tips und Informationen, wie Sie im entscheidenden Moment toll aussehen.

One-Week-Beauty

Sie haben alles schon durchorganisiert und die letzte Woche vor der Hochzeit eigentlich nicht mehr viel zu tun? Wunderbar, dann nehmen Sie sich jetzt mal richtig Zeit für sich und bringen Ihre Schönheit auf Hochglanz! *Tip:* Ein neuer Schnitt oder doch noch zur Kosmetikerin? Wenn Sie bei der Anmeldung erzählen, daß Sie heiraten, wird man bestimmt das Unmögliche möglich machen und Sie noch schnell dazwischen schieben!

Die Frisur – welche paßt zu Ihnen?
Los geht's mit der Frisur! Paßt die eigentlich zu Ihnen? Nicht so ganz sicher? Dann ab vor den Spiegel und erst einmal sich selbst entdecken! Zu jeder Gesichtsform gibt es nämlich den perfekten Haarschnitt:

Ovale Gesichtsform. Prima! Sie können alles tragen. Es sei denn, Stirn und/oder Kinn sind zu lang. Dann paßt ein voller Pony, der das Gesicht optisch verkürzt. Auch gut: üppige Locken und füllige Stufenschnitte. Ungünstig: Zu fülliges Deckhaar; damit wird das Gesicht verlängert. Tip: Haare gegen den natürlichen Fall schneiden, dann fallen sie schwungvoller.

Runde Gesichtsform. Typisch: eine kurze Stirn, volle Wangen und ein flaches Kinn. Überschulterlange Haare mit fransigen Konturen strecken die Gesichtsform. Auch gut: kurze Locken mit zurückgestrichenen Seiten. Ungünstig: Pagenkopf mit angeschnittenem Nacken, voluminöse Pilzköpfe.

Viereckiges Gesicht. Das Gesicht ist großflächig und hat eine kantige Kinnpartie. Ein ohrläppchenkurzer Bob mit fülligem Oberkopf schmeichelt. Oder: Lange Haare mit Mittelscheitel gleichen harte Konturen aus. Ungünstig: Kinnlänge und gerade Konturen verstärken den eckigen Eindruck. Ebenfalls nicht geeignet ist ein Vollpony, damit sehen die Wangen noch breiter aus.

Dreieckiges Gesicht. Breite Stirn und spitzes Kinn? Ein kinnlanger Stufenschnitt oder ein (kinnlanger) Pagenkopf ist die Lösung. Längere Haare passen, wenn sie lockig oder füllig frisiert sind und nicht zuviel Pony haben – so lenkt die Frisur vom Kinn ab. Ungünstig: Die Stirnpartie sollte nicht zu platt am Kopf anliegen, das verbreitert. Zu kurze Haare betonen die Dreiecksform zusätzlich.

Ist ein neuer Schnitt angesagt? Dann hin zum besten Friseur am Platz und den Schopf auf Linie trimmen lassen! Tip: Legen Sie den Termin eine Woche vor der Hochzeit, dann sitzt die Frisur am Hochzeitstag immer noch perfekt, der Schnitt sieht aber weicher aus als frisch gestylt vom Figaro.

Farbe, Pflege, Styling – perfekt ist, was fein abgestimmt!

Trend bei der Haarfarbe: den eigenen Naturton verfeinern – mit Strähnchen, Tönen oder Färben, alles soll natürlich aussehen. Völlig out ist Umfärben, zum Beispiel von Blond auf Schwarz! Den richtigen Ton finden, dafür braucht der Friseur viel Know-how und den richtigen Griff – anfassen, prüfen und dann perfekt Farben mischen. Bei der Haarpflege heißt es: Spezialprodukte machen das Haar frisierwilliger. Beim Styling muß man die richtigen Tricks kennen, und die Haare liegen in Null Komma Nichts.

Zur Hochzeit am besten mit frisch gewaschenen Haaren

Blondinen: Sie haben von Natur aus meist feine Haare. Der richtige Ton: Schön sind helle Töne von Platin- bis Honigblond – das schaffen meist gekonnte Strähnen. Aber nicht nur Barbie-Farben sprechen an: Nach mehr sieht feines Haar auch aus, wenn es einen Ton dunkler gefärbt wird. Wer von Natur aus einen Aschton hat? Helle Strähnen rund ums Gesicht bringen wirkungsvoller Reflexe in die »Nicht-Haarfarbe«.

Pflege: Am besten Spezialprodukte ohne Silikon verwenden (beschwert die Haare, läßt dünnes Haar schnell schlapp aussehen). Leichte Feuchtigkeitsprodukte – Shampoos, Balsam, Kuren – bringen mehr. Extra-Tip: Alle Produkte sparsam verwenden! »Flüssighaar« (von verschiedenen Herstellern) dringt tief ins Haarinnere ein, repariert kaputte Stellen und läßt feines Haar nach mehr aussehen. Styling: Wollen Sie Stand in Ansätze und Pony bringen? Mit Bürste, Gel oder Spray funktioniert's. Volumen-Trick: Haare zuerst in dünnen Partien über der Skelettbürste fönen, dann mit der Rundbürste formen. Toupieren bringt Superfülle: Dünne Partien abteilen und mit einem Stielkamm gegen den Strich kämmen. Garantiert glanzvoll: Einzelne Haarsträhnen mit Goldspray besprühen!

Brünette: Sie haben die dicksten Haare – das einzelne ist doppelt so dick wie bei Blonden. Ein Geschenk der Natur, das aber auch Probleme macht – dicke Haare sehen schnell plusterig aus und lassen sich oft nur schwer stylen. Der richtige Ton: Brünette können eigentlich alles tragen – geht der Trend in Richtung Rot, kann man ohne viel Aufwand mit einer Tönung nachhelfen. Bei Blond reichen oft schon ein paar helle Strähnchen. Und Schwarz ist bei Braun kein extremer Farbsprung. Pflege: Shampoos, Spülungen und Kuren mit Seidenproteinen, Panthenol, Weizenkeimöl oder Lecithin machen dickes Haar pflegeleichter. Produkte immer etwas länger einwirken lassen! Extra-Tip: Bei störrischen Haaren hilft eine feuchtigkeitsspendende Hautcreme. Eine kleine Portion einmassieren, und das Frisieren wird leichter. Styling: Viel Haar immer ganz trocken fönen, sonst hält die Frisur nicht. Wenige Riesenwickler machen bei dicken Haaren schon eine Menge Locken. »Haarbeschwerer« wie Wachs, Glanzspray, Modelliercreme ruhig üppig benutzen.

Schwarzhaarige: Dunkle Haare schlucken Licht und sehen deshalb schnell matt und glanzlos aus. Der richtige Ton: Schwarze Haare werden nicht früher grau als andere, in der dunklen Pracht sieht man's nur eher. Eine auswaschbare Tönung im Naturton überdeckt sofort einzelne graue Strähnen. Und helle rötliche oder braune Glanzsträhnen vom Friseur lassen dunkle Haare schön lebendig wirken. Pflege: Schimmer bringen Shampoos, Balsam und Kuren mit Kastanienauszügen, Walnußextrakt oder Henna; sie vertiefen obendrein den Haarton. Repair-Pflege glättet die Schuppenschicht, auftreffendes Licht wird wieder besser reflektiert. Und Farbreflex-Shampoos (im Naturton, jeweils beim zweiten Shampoo-Gang in die Haare einmassieren) intensivieren die Farbe. Alle Produkte immer gut ausspülen: Reste machen die Haare stumpf! Extra-Tip: Einen Teebeutel schwarzen Tee mit einem Viertelliter kochendem Wasser übergießen. Eine halbe Stunde ziehen las-

Haarwachs läßt bei natur- oder dauergewelltem Haar plusterige Spitzen sofort geschlossener aussehen

sen, und das Ganze nach der Haarwäsche als Glanzspülung verwenden. Nicht auswaschen und dunkles Handtuch verwenden, denn Tee färbt! Styling: Glatte Haare glänzen besser, weil sie das Licht auf mehr Fläche reflektieren können. Deshalb beim Fönen – auch lockige Haare – immer über die Rundbürste ziehen. Glanz-Trick: Zuerst die berühmten 100 Bürstenstriche und dann Lavendelwasser auf die Bürste geben und noch einmal durchbürsten – das wirkt!

Rothaarige: Die Feuermähne ist oft naturkraus, leicht störrisch und hat poröse Spitzen. Von der Natur hat die Rothaarige am wenigsten Haare mitbekommen – »nur« etwa 85000 Exemplare. Der richtige Ton: Rotblond, Granatrot oder dunkle Wildpflaume – alles toll. Rottöne haben unheimlich viel Brillanz, allerdings verschwindet Rot auch am schnellsten wieder, weil die Farbpigmente weniger waschecht sind. Zwischen Friseurterminen läßt sich der Ton aber gut mit Farbspülungen in »Heimarbeit« aufpeppen. Pflege: Genau richtig sind Produkte für strapaziertes Haar. Ausnahme: Das Haar ist sehr fein (Tips: siehe Blondinen). Einmal in der Woche sollten rote Haare eine Spezialbehandlung bekommen. Ideal ist eine Feuchtigkeitspackung, die das Haar wieder geschmeidig macht und auch gut über Nacht einwirken kann. Bei langem Haar die Spitzen mit Haarspitzenfluid geschmeidig machen. Extra-Tip: Oliven-, Rizinus- oder Klettenwurzelöl ins Haar massieren und etwa 30 Minuten unter einem Handtuch wirken lassen – ausspülen, das glänzt! Styling: Mit dem Fön immer Abstand halten! Empfindliche Haare mögen keine heiße Luft. Wirbel und Naturkrause lassen sich mit Forming-Creme geschmeidig modellieren und besser in Form bringen. Damit die Haare kompakter wirken: Wachs in die Enden oder bei längeren Haaren die Spitzen auf dicke Wickler drehen.

Last-Minute-Programm

Sie finden sich in Ordnung, so wie Sie sind? Dann heißt es Schminken üben, neue Tricks ausprobieren und vielleicht mit Locken zaubern – fertig ist die schöne Braut. Fragt sich nur, wie Sie aussehen möchten? Trend ist, sich so zu stylen (Haare und Make-up), wie es zum Typ, zum Rahmen, zur Mode und vor allem zur Stimmung paßt. Und da Hochzeiten nun einmal etwas ganz Besonderes sind, steht Ihnen vielleicht der Sinn nach Neuem, Außergewöhnlichem, nie Dagewesenem. Also: Inszenieren Sie sich doch mal! Und zwar ganz nach Lust und Laune! Besser probieren Sie aber vorher einmal Make-up und Frisur aus, damit bei der Hochzeit auch alles klappt! Am Tag X kann Ihnen ja dann vielleicht Ihre beste Freundin im Kampf mit den Tuben und Tiegeln helfen. Also, welche schöne Braut möchten Sie denn sein?

Die vier Gesichter einer Frau

Die Sinnliche ist Verführung pur. Wie sie geht, lacht und lockt, das macht auch den stärksten (Ehe-)Mann schwach. Das funktioniert natürlich nicht hochgeschlossen: Die Sinnliche trägt jede Menge Dekolleté (schön, wenn es mit Glanzpuder bestäubt ist), hohe Hacken, einen Schönheitsfleck à la Cindy Crawford und immer einen Taschenflakon mit ihrem Lieblingsduft in der Handtasche. Die Haare sehen stets etwas verwuschelt aus (siehe romantische Brautfrisur) und sind natürlich (!) gelockt. Das Make-up? Zur Sinnlichen passen glänzende Lippen, etwas mehr Rouge und Gold, dunkles Olivgrün, Rauchgrau und Braun für die Katzenaugen. Die Schminktechnik: Zuerst das Gesicht im Hautton grundieren (siehe Grundierung). Die gewünschte Lidschattenfarbe im sanften Bogen, etwas über die Lidfalte hinaus vom inneren bis zum äußeren Augenwinkel schattieren. Dabei den äußeren Augenwinkel über die Längsachse hinaus einen Tick verlängern – so entstehen Katzenau-

WENN DIE HAUT PROBLEME MACHT

Im Klartext heißt das meist Pickel. Und da hilft die Kosmetikerin. Selbst drücken treibt den Pickel meist nur noch tiefer in die Haut, und am Hochzeitstag steht man dann mit einer ausgewachsenen Entzündung da. Der Profi kann Mitesser und Pusteln mit spezieller Reinigung, Massage und einem Peeling aufweichen, lockern und fachgerecht entfernen. Wichtig: Den Termin eine Woche vorher geben lassen, so können die Spuren bis zum Hochzeitstag gut abheilen.

gen. Unter den Augen einen Puderstrich ziehen. Einen Lidstrich mit dunklem Kajal (sieht weicher aus als Eye-Liner!) auf den oberen Wimpernrand setzen und ebenfalls etwas über den äußeren Wimpernrand hinaus die Linie verlängern. Die Wimpern kräftig tuschen! Ein frischer Rouge-Ton (Terracotta, Orange- oder Pfirsichton) kommt auf Wangen, Schläfen, Kinn und Nasenrücken. Für einen vollen Mund mit einem bräunlichen Konturenstift einen halben Millimeter oberhalb des oberen Lippenbogens zwei Fixpunkte und zwei im Mundwinkel setzen. Die Punkte mit einer geraden Linie verbinden, die Unterlippe nachziehen. Den Mund mit bräunlichem Lippenstift oder farblosem Gloss ausmalen. Den Schönheitsfleck plazieren Sie einen Tick über der Oberlippe, auf einen Wangenknochen oder ins Dekolleté – ganz wie es Ihnen gefällt und mit einem schwarzen Kajalstift. Düfte für die Sinnliche: »Wings« von Giorgio Beverly Hills, »Cascaya« von Gabriela Sabatini, »Dolce Vita« von Dior, »Eden« von Cacharel, »Gio« von Giorgio Armani, »True Love« von Elizabeth Arden, »Honeymoon« von Vanderbilt, »Tentations« von Paloma Picasso. Wem der sinnliche Touch steht? Wer gerne mit Make-up spielt und auch sonst voll auf Weiblichkeit setzt, sieht damit einfach umwerfend aus. Nichts für schüchterne Naturen – Sinnlichkeit muß man überzeugend tragen!

Die Natürliche wirkt total charmant. Mit einem strahlenden Lachen nimmt sie alles und jeden für sich ein. Make-up mag sie nur hauchzart, und die Haare trägt sie glatt und nach Shampoo duftend. Unmerkliche Hilfe leistet der Friseur durch gekonnte Stufenschnitte oder akkurat geschnittene Spitzen. Brautfrisur? Fehlanzeige! »So wie immer«, lautet ihr Credo. Das Make-up? Natürlich Rosa! Die zarte Farbe ist dazu noch ideal für einen kleinen Mund und läßt nicht ganz so makellosen Teint ebenmäßig schimmern. Schminktechnik: Transparente Grundierung oder einfach nur hautfarbenen Puder über die Tagescreme geben, damit Sommersprossen schön durchschimmern können (siehe Grundierung). Rosafarbenes Rouge kommt auf die Wangen und Schläfen und verleiht Frische. Die Wimpern werden braun oder schwarz getuscht, die Augenbrauen mit einem hellbraunen Stift nachgestrichelt. Auf die Lippen kommt ein Rosenholzton, und der wird abgepudert – so »verrutscht« die Farbe auch beim Trauungskuß nicht. Düfte für die Natürliche: »Amazone de Fraicheur« von Hèrmes, »G« von Gigli, »Miss Arpels« von Van Cleef & Arpels, »L'eau d'Issey« von Issey Miyake, »Il Bacio« von Princess Borghese, »Ocean Dream« von Giorgio Beverly Hills. Wer den Natur-Look tragen kann? Absolut jede!

Die Femme fatale versprüht geballte Erotik. Lasziver Blick, verführerischer Hüftschwung – das gehört unbedingt dazu. Das Outfit ist die erste Strophe der Lust: Ob Brautkleid oder Kostüm – alles zum Staunen eng. Die Femme fatale trägt Hochsteck-Frisuren genauso gern wie messerscharfe Pagenköpfe. Das Gesicht bleibt frei – dramatische Augenblicke funktionieren nicht hinter Haarvorhängen. Das Make-up? Voller Kunst! Schwarzweiß plus Rot heißt die Verwirr-Kombination. Schminktechnik: Nur Puder ist nichts für den Femme-fatale-Auftritt. Eine perfekte Grundierung im Hautton ist ein Muß für starke Farben (siehe Grundierung). Darüber kommt loser, sehr heller oder mit Weiß gemixter Puder – verstärkt den extravaganten Eindruck. Schwarzer Lidschatten wird im inneren Augenwinkel beginnend und nach außen zum Schwalbenschwanz auslaufend aufgetragen. Dabei die Lidfalte im schmalen Bogen scharf abgrenzen und die Linie nicht verwischen. Darüber weißen Lidschatten vom inneren Augenwinkel über die Lidfalte hinaus bis zu den Brauen und äußeren Augenwinkel auftragen. Mit einem rabenschwarzen Eye-Liner die Schwalbenschwanz-Linie noch einmal breit nachzeichnen und am unteren Wimpernrand einen dünnen Strich ziehen. Wer lange Wimpern hat: kräftig schwarz tuschen. Wer nicht: falsche Wimpern ankleben. Tip: Wenn Sie die falschen Härchen noch nie getragen haben, einen Fernseh-Abend lang mal ausprobieren – dann bekommt man Gefühl für den Wimpernschlag. Lippen: Knallrot, Schwarzrot, Burgunderrot, Metallic-Lila – alles, was auffällt. Natürlich muß die Farbe kußecht sein (gibt's von verschiedenen Firmen). Zuerst die Mundform exakt mit einem gleichfarbigen Konturenstift nachzeichnen, dann voll ausmalen. Rouge? Nein! Beim Anblick der Femme fatale wird nur anderen heiß, sie selbst trägt Alabasterhaut. Düfte für die Femme Fatal: »Coco« von Chanel, »Oh la la« von Azzaro, »Jean Paul Gaultier«, »Must« von Cartier, »Opium« von Yves Saint Laurent, »Lalique«. Wem ein bißchen Sünde steht? Das ist eindeutig etwas für modemutige Naturen. Finger weg, wenn Sie auch sonst kein Make-up tragen, dann fühlen Sie sich den ganzen Tag nur wie verkleidet.

Das Szene-Girl wirkt wie ein Knall-Effekt. Bei ihr ist alles Überraschung. In weißer Jeans zum Traualtar – wer sagt, daß es ein Kleid sein muß! Die Haare im Wuschel-Look oder grandios aufgetürmt. Die Sonnenbrille als Haarspangenersatz – bei ihr ist alles möglich und alles erlaubt. Zum Szene-Girl passen alle Farben des Regenbogens – schön hell für die Augen und dazu ein knallig dunkler Mund. Einfach irre! Schminktechnik: Pastellfarben in Orange, Grün, Türkis, Gelb, Blau plus kräftiger Lippenstift, das heißt zuerst den Teint schön grundieren – mit Make-up und losem Puder (siehe Grundierung). Schminktechnik: das Oberlid mit zartviolettem Lidschatten betonen. Am unteren Wimpernrand mit hellem Grün eine Puderlinie ziehen und sanft verwischen. Die Wimpern kräftig schwarz tuschen. Und den Mund in einem warmen Lilaton ausmalen. Dazu mit einem gleichfarbigen Konturenstift zuerst die Lippenform betonen. Genauso können Sie die Augen in Orange/Blau (Lippen: Violett), Gelb/ Türkis (Lippen: Tiefrot), Rosa/Pink (Lippen: Dunkelbraun) malen. Oder Make-up und Augen gleich im Metallic-Look schimmern lassen – alle Produkte mit Pearl-Glanz. Viel Farbe auf Augen und Nägel – dazu paßt nur ein Hauch Rouge. Frische gibt's mit zarten Orange- und Rosatönen.
Beim Szene-Girl paßt auch ein Gag als Blickfang: Kleine Sternchen, Blumen oder winzige Herzchen, die wie ein Schönheitsmal auf die Wangen geklebt werden.
Düfte für das Szene-Girl: »C'est la vie!« von Lacroix, »Bijan Woman« von Bijan, »Deci Dela« von Ricci,

»CK one« von Calvin Klein. »Hip sein«, paßt das zu Ihnen? Wenn Sie ein ausdrucksstarker Typ sind und auch mal gern kapriziös – dann nur Mut. Ihnen steht's bestimmt!

Strahlend schön vor dem Altar

Superschöne Brautfrisuren
Ganz klar: Die gibt's auf jeden Fall beim Friseur. Wer viel Fingerspitzengefühl besitzt, bekommt das Haarstyling aber auch selbst in den Griff. Hier vier Vorschläge für die Braut:

Verspielt. Haarreifen oder Blütenkränze tragen viele Bräute. Dazu passen weibliche Locken ganz wunderbar: Mit Papilloten lassen sich auch kurze Haare aufdrehen. Wie kraus die Haare sein sollen, hängt dabei immer von der Stärke der Strähnen ab – je dünner, um so krauser. Damit die Frisur lange hält, am besten die Haare vorher mit Sprühfestiger fixieren, dann Strähne für Strähne abteilen und aufwickeln. Die Haare gut trocknen lassen, Wickler rausnehmen, mit den Fingern durchkämmen und Kranz oder Reifen mit Nadeln im Haar feststecken. Die Locken zurechtzupfen und zum Schluß noch etwas Haarspray darübernebeln – das hält.

Elegant. Das sind eigentlich immer glatte Haare. Ob klassischer Pagenkopf, eine stufige Fransenmähne oder die langen Prachthaare – schön geradlinig muß alles sein. Spannung und Fülle bekommen die Haare mit der richtigen Föntechnik: zuerst alles über Kopf vortrocknen, dann mit einer großen Bürste kreuz und quer gegen den Strich fönen.
Sind die Haare fast trocken, Strähne für Strähne mit einer Rundbürste vom Ansatz bis zu den Spitzen noch einmal glattziehen. Den modisch kompakten Strähnen-Look erreicht man mit Wachs: Immer nur eine kleine Portion in den Händen verteilen und partienweise über die Haare streichen. Glatte Haare wirken am besten pur. Wer ein bißchen mehr Braut sein möchte: Eine einzelne Blüte hinterm Ohr oder ein Haarreif ohne Schnörkel paßt zum glatten Erfolg.

Glamourös. Zum Beispiel im Stil der Sixties – alles Haar glatt aus dem Gesicht und oben auf dem Kopf zu einer Hochsteckfrisur auftürmen. Am besten funktionieren Hoch- und Einschlagfrisuren übrigens, wenn die Haare nicht frisch gewaschen sind – die Mähne ist dann griffiger, Nadeln und Türmen geht einfacher. Damit der

Locker eingesteckt: Einzelne Blüten lassen sich besser feststecken, wenn man den Stiel vorher mit einem Draht verstärkt

Bezaubernd schön: Der Haarkranz aus echten oder Seidenblüten steht einfach jeder Braut

Locker einrollen: für die moderne Gretchenform die Haare über einem Haarkranz festnadeln und mit Blüten verzieren

Der Schleifen-Trick: Mit weißen Bändern lassen sich lange Haare sofort auf »Hochzeit« trimmen. Oder kurze Haare fein aufpeppen

Zöpfe müssen ganz akkurat geflochten sein, damit sie perfekt aussehen. Eine Freundin oder die Friseuse kann das besser, als die nervöse Braut

Fingerspitzengefühl: Mit feinen Klemmen werden Quetschwellen noch zusätzlich veredelt

Hochbau bombensicher hält, muß perfekt gearbeitet werden: Zuerst die mindestens schulterlangen Haare mit Schaumfestiger kräftigen, und alles auf dicke Klettwickler drehen. Die Haare gut trocknen! Die Wickler rausnehmen, alles Haar mit Kopf nach unten hochbürsten und straff zum Pferdeschwanz zusammenbinden. Dicke Strähnen um den Handrücken legen und zu großen Wellen feststecken. Das Ganze mit viel Haarspray fixieren. Zu dieser Frisur passen Tüllschleier wunderbar!

Romantisch. Das sieht nach ganz natürlich rieselnden Locken oder wie gerade zufällig hochgesteckt aus. Der etwas verwuschelte Romantik-Look läßt sich in jede Haarlänge zaubern. Beste Ausgangsbasis dafür: schulterlange Natur- oder Dauerwell-Locken. Nach dem Waschen die Haare an der Luft trocknen und mit viel Schaumfestiger kneten. So bleiben die Locken in sich geschlossen. Schneller geht's mit einem Fön mit Diffusor-Aufsatz (Achtung, die Locken sehen mit Pusteluft aber auch schnell strohig aus!). Dabei die Haare sanft anheben und warme Fönluft (niedrige Stufe) von unten gegenwirbeln.Die trockenen Haare mit einem Styling-Stab noch einmal nachkringeln. Zum Schluß das Haar mit Gel oder Wachs, vor allem an den Spitzen, durchkneten. Die fertigen Locken mit Haarspray fixieren, entweder lose aufstecken oder üppig fallen lassen. In romantische Locken passen einzelne Margeritenblüten, die mit einem ganz feinen Draht in den Haaren befestigt werden.
Das trauen Sie sich nicht zu? Machen Sie für Ihre Hochzeit einen Termin beim Friseur (etwa 4 Wochen vorher anrufen). Und planen Sie extraviel Zeit ein. Nur so können Sie sicher sein, daß sich alles nach Ihnen richtet und nicht ein gehetzter Figaro an Ihnen herumbastelt. Ganz entspannt funktioniert das übrigens, wenn der Friseur zu Ihnen nach Hause kommt – für Hochzeiten bieten viele Friseure diesen Extra-Service an.

Die beste Grundierung finden!
Das A und O beim Make-up: die richtige Grundierung – sagen Visagisten. Und die müssen ja wissen, wovon sie sprechen. Immerhin können sie die Schönsten der Schönen noch schöner machen – auf einen Blick die Haut beurteilen und dann zum optimalen Produkt und Farbton greifen. Damit Ihnen das auch gelingt, damit Ihre Augen und Ihr Mund auf perfekter Basis wirken, hier die wichtigsten Tips:

Flüssiges Make-up hat viel Feuchtigkeits- und wenig Puderanteile, dadurch wirkt es auf der Haut sehr natürlich. Es läßt zum Beispiel Sommersprossen durchschimmern, deckt aber keine Unreinheiten ab. Gut geeignet für trockene, feine und auch ältere Haut.

Creme-Make-up enthält doppelt soviele Puderanteile wie das flüssige Make-up, deckt aber auch wesentlich besser. Gut bei leichten Unreinheiten.

Kompakt-Make-up hat viele Puderanteile und deckt daher sehr stark. Beim Auftragen muß man allerdings ein bißchen Übung haben, sonst wirkt es leicht pastig. Gut bei stärkeren Unreinheiten und Akne.

Macht Spaß aber braucht Zeit: perfektes Make-up

Schaum-Make-up enthält kleine Luftblasen, hat eine besonders leichte Konsistenz und läßt sich schnell verteilen. Mittlere Deckkraft. Gut geeignet, wenn man zum Beispiel müde Haut mit einem frischeren Ton überdecken möchte.

Puder-Make-up ist ein Mittelding zwischen Creme-Make-up und Kompakt-Puder. Es läßt sich gut auftragen und deckt zuverlässig. Auch gut, wenn man im Laufe des Tages den Glanz von Stirn, Nase, Kinn nehmen möchte, oder auch als Unterlage bei fettiger und unreiner Haut geeignet.

Den richtigen Ton findet man nicht auf die Schnelle: Natürlich brauchen Sie, um die perfekte Farbe zu finden, nicht ungeschminkt in die Parfümerie gehen. Aber Sie sollten das Produkt ausgiebig testen!
Tragen Sie die Grundierung am besten auf die Wange auf, denn da soll sie ja später auch hin. Stimmt man den Ton auf die Haut am Hals ab, wirkt sie im Gesicht meist zu hell – der Teint sieht maskenhaft aus. Überprüfen Sie die Farbe außerdem im Tageslicht: kein oder wenig Unterschied zum natürlichen Hautton? Dann ist das Make-up ideal.
Und wie trägt man Teint-Grundierung auf? Nur wenig Grundierung auf die Finger geben und im Gesicht vertei-

len. Danach mit einem Schwämmchen und leichten Drehbewegungen in die Haut einarbeiten (kann man auch feucht machen, dann wirkt es noch zarter). Nicht wischen, denn so verschmiert das Make-up, und man sieht immer feine Linien.

Puder fürs Finish! Zum geschminkten Teint gehört natürlich Puder. Er läßt den Ton durchscheinender wirken und sorgt obendrein dafür, daß die Grundierung wirklich auf dem Gesicht bleibt. Am besten eignet sich loser Puder, er läßt sich besser verteilen und saugt überschüssigen Glanz vom Make-up auf.

Extra-Tip: Wer eine tolle Haut hat, greift zu dem Visagisten-Trick: Flüssiges Make-up auftragen, anschließend mit Highlight-Puder (hat Weiß-Anteile oder Glimmer) fixieren. Danach sieht der Teint total transparent und superedel aus. Und noch ein Tip: Wer keine Grundierung mag und eine gute Haut hat, gibt mit einem großen, weichen Pinsel Transparent-Puder über das Gesicht. So wirkt der Teint ganz natürlich, hat aber einen perfekten Schimmer.

Für rotgeweinte Nasen und erhitzte Gemüter: Keine Scheu vor Tränen und Gefühlswallungen jeglicher Form. Mit Kompakt-Puder oder dem noch stärker deckenden Kompakt-Make-up läßt sich das Make-up schnell restaurieren.

Wichtig: Nicht rumwischen, sondern Grundierung oder Puder nur sanft »aufdrücken«.

Einfach abgedeckt werden Rötungen und kleine Unreinheiten mit Spezialstiften. Abdeckprodukte sind in erster Linie gedacht gegen Augenschatten, für Haut, bei der bläuliche Äderchen durchschimmern, und um Fältchen verschwinden zu lassen. Den optischen Aufheller gibt's im Hautton oder – noch effektvoller – in Orangegelb. So oder so, die Farbe immer zwei bis drei Töne heller als die Haut wählen. Fixpunkte, wo der Hautschmeichler hingehört: in Mini-

Runter mit den Pfunden

In einer Woche ist noch einiges zu schaffen! Drei Tage brauchen Sie, um gut zwei bis vier Kilo loszuwerden. Die Erfolgsformel: Je einen Reis-, Obst- und Safttag einlegen und viel Mineralwasser ohne Kohlensäure trinken. Beim Reistag dürfen Sie Reis in jeglicher Form – süß oder herzhaft – und soviel Sie wollen essen, aber nichts anderes. Am zweiten Tag dürfen Sie ausschließlich Obst essen, soviel Sie möchten. Und am Safttag: Gemüse- und Obstsäfte sowie einen Milchshake trinken. Am vierten Tag starten Sie mit einem Müsli und gewöhnen den Körper mit fünf kleinen Mahlzeiten über den Tag verteilt wieder an »Normalkost«.

Tupfen oberhalb der Nasenwurzel, unters Auge, in den inneren Augenwinkel, rund um die Nasenflügel, zwischen Nase und Oberlippe und in die Mitte von Lippen und Kinn. Den Aufheller kann man ganz sanft mit dem Ringfinger einklopfen (hat am wenigsten Druck) oder mit einem Schwämmchen verwischen bis man keine Spuren mehr sieht. Um Fältchen zu kaschieren, benutzen Profis auch weiße Teintcreme. Tip: Nur kleine Mengen verwenden, sonst fällt's auf, und sanft in die Haut einarbeiten. Abdeckprodukte kann man vor oder nach der Teint-Grundierung verwenden – am besten ausprobieren.

Sich rundum schön fühlen!

Genau das will man jetzt sein: einfach umwerfend schön! Und wie bekommt man das hin? Die Haare glänzend, die Haut wie Seide, die Augen strahlend, die Nägel perfekt, das Dekolleté glatt und rosig? Mit einem Streichel-Schön-Programm und fixen Ideen für Problemzonen! Entspannen, sich wohl fühlen, auf die Hochzeit freuen und dabei immer schöner werden – das klappt mit ein bißchen Zeit für Haut und Haare:

Tolle Haut kriegen. Dank Heilerde aus der Apotheke: Mit Wasser angerührt wird daraus eine Fango-Packung für den Körper. Darin steckt Magnesium, Kalzium und Schwefel – alles Aktivstoffe, die die Haut verwöhnen. Während der Einwirkzeit von 15 Minuten kommt noch ein Peeling ins Gesicht: 1 Teelöffel Mandelkleie mit Reinigungsmilch vermischen und damit ganz sanft die Haut massieren. Nach dem Duschen ist die Haut ganz zart, frisch und rosig.

DER RICHTIGE TON FÜR JEDEN TEINT

Schauen Sie in den Spiegel! Welchen Hautton haben Sie? Kaufen Sie den richtigen Farbton für Grundierung und Puder!
Blasser Teint: Make-up – hellbeige. Puder – neutral/transparent.
Rosa Teint: Make-up – rosé, Puder – rosé.
Gelblicher Teint: Make-up – gold, Puder – goldbeige.
Olivfarbener Teint: Make-up – goldbeige, Puder – mittelbeige.
Geröteter Teint: Make-up – beige-rosé, Puder – mittelbeige.

Glänzende Haare zaubern. Mit einer auswaschbaren Tönung in der eigenen Farbe. Danach hat das Haar jede Menge Lichtreflexe und ist auch etwas fester, weil Tönungen das Haar mit einer transparenten Farbschicht überziehen.

Ein schönes Dekolleté cremen. In Spezialcremes stecken Hyaluronsäure und die Vitamine A und E. Dies alles regt die Durchblutung an und polstert die oberen Hautschichten. Beauty-Trick gegen Plissée-Fältchen und für pralle Aufmerksamkeit: Zuerst eine durchblutungsfördernde und festigende Fango-Packung 10 Minuten auf Hals und Dekolleté wirken lassen. Abnehmen und messerrückendick eine reichhaltige Körpercreme auftragen. Das Ganze mit Folie abdecken und mindestens 20 Minuten einziehen lassen. So kann die Haut Fett und Feuchtigkeit satt speichern.

Einen flachen Bauch bekommen. Die SOS-Formel: 1 Glas lauwarmes Wasser mit 1 Teelöffel Heilerde morgens auf nüchternen Magen getrunken. Das kurbelt die Verdauung und den Fettstoffwechsel an. Wenn Sie dazu noch bis ein Uhr mittags nichts essen, haben Sie alle Weichen gestellt, damit Ihre sinnliche Linie auch für den Rest des Tages nicht zur Kugel wird.

Rücken – nur in Bestform. Möchten Sie ein enges Schlauchkleid mit Rücken-Dekolleté tragen? Proper wird die Haut mit Cellulite-Creme: Am Abend vorher großzügig auftragen und richtig einmassieren (vielleicht hilft Ihnen Ihr Liebster?). Nach dieser Spezialbehandlung sieht die Rückenansicht viel besser durchblutet aus und wirkt auch fester und straffer. Schimmer-Haut: Für streichelweiche Optik den ganzen Körper mit warmem Olivenöl mindestens 15 Minuten lang massieren. 45 Minuten in einem vorgewärmten Bademantel schön dösen und danach den Körper lauwarm abduschen. Das Ergebnis: samtige Superhaut.

Strahle-Augen im Nu. Vitamin-E-Kapseln (in der Apotheke) einfach aufpieksen und das Öl in die Haut um die Augen einklopfen. Rasch entspannen sich dann die Knitterfältchen.

Superbeine zeigen. Ohne ein einziges Härchen sehen Beine einfach klasse aus. Ganz einfach geht das mit dem Rasierer – nach dem Baden oder Duschen ist die Haut noch schön weich. Damit unter getönten Strümpfen die Haut nicht käsig durchschimmert: Selbstbräuner! Vorher ein Peeling oder eine Bürstenmassage machen und dann die Creme dünn und gleichmäßig auftragen. Schon nach drei Stunden ist die Haut leicht getönt. Extra-Tip: Trockene, schuppige Haut verschwindet im Nu, wenn Sie eine reichhaltige Glycerincreme einmassieren!

Tolle Nägel. Ganz ehrlich: Leisten Sie sich eine Maniküre! Denn zumindest ein Finger steht bei der Veranstaltung voll im Rampenlicht – alle Gäste werden sich einmal Ihren blitzenden

Trauring anschauen wollen! Also besser vorsorgen und richtig schön feilen, polieren und lacken lassen. Keine Zeit? Zu Hause vor dem Fernseher geht's auch: Zuerst im Wasserbad Haut und Nägel etwas aufweichen lassen, dann die Nagelränder zurückschieben und noch überstehende Häutchen vorsichtig wegzupfen. Die Nägel in Form feilen und mindestens zweimal Lack darübergeben.

Schnell noch ein Lifting! Müde Haut bekommt man mit einem Gesichts-Massageroller (im Fachhandel) wieder munter: Zuerst die Haut gut eincremen, dann mit den kleinen Noppen sanft übers Gesicht fahren. Danach fühlt man sich wunderbar erfrischt, und die Haut sieht rosiger aus.

Schöne Zähne. Gehen Sie drei Monate vor der Hochzeit zum Zahnarzt! Eventuelle Krisenherde können so noch rechtzeitig entdeckt werden, und auch an der Optik läßt sich feilen: Für ein strahlendes Lächeln werden die Zähne gereinigt und der Zahnstein entfernt. Und noch ein Tip: Weißer sehen die Zähne mit pinkfarbenem oder leuchtendrotem Lippenstift aus. Brauntöne, Farben mit Gelbstich oder Korallentöne lassen die Zähne nicht ganz so strahlend wirken.

Und das gehört in die Handtasche

- Lippen- und Konturenstift, Wimperntusche, Transparent-Puder oder Kompakt-Make-up, um das Make-up aufzufrischen.
- Ein Deo, denn Sie kommen garantiert ins Schwitzen.
- Taschentücher, und wenn Sie sie nur weiterreichen ...
- Haarspray: Kopf runter und darübergenebelt, so lassen sich lange Haare schnell auf Volumen trimmen. Auf die Ansätze sprühen, das fixiert Hochsteckfrisuren.
- Cool-Spray: Wenn Beine und Füße durchs Stehen und Tanzen anschwellen ist das eine prima Erfrischung – das Spray kann man auch über die Strümpfe sprühen.

UNTER ANDEREN UMSTÄNDEN

Gut aussehen und sich rundum wohl fühlen

Natürlich freuen Sie sich auf Ihr Baby. Nur eines bringt Sie ins Grübeln: Was ziehen Sie zur Hochzeit an? Wie kleiden Sie den kleinen oder mittlerweile schon etwas runderen Bauch, und wie sehen Sie am schönsten aus? Eines vorweg: Zeigen Sie Haut! Denn durch den Hormonanstieg fühlt sich die Haut nicht nur viel weicher an, sie sieht auch glatter aus – kleine Fältchen verschwinden. Auch der Busen zeigt sich in Bestform: Die Milchproduktion läuft schon in der Schwangerschaft an, das bedeutet, daß Sie wahrscheinlich eine BH-Größe mehr brauchen. Also, alles bestens für ein Traumkleid in Weiß mit viel Dekolleté.

Wenn Sie in großer Robe heiraten möchten, sollten Sie das klassische Brautkleid mit betonter Taille allerdings schnell aus Ihren Träumen streichen. Doch keine Panik: Es gibt noch andere Prachtkleider, die Ihnen jetzt wunderbar stehen. Hier finden Sie Vorschläge, damit Sie nicht so lange suchen müssen. Außerdem gibt's auf den folgenden Seiten viele Tips, wie Sie Haut und Haare in Bestform bringen und welche Farben beim Make-up richtig sind. Alles, damit Sie sich rundum wohl fühlen, schön und fit aussehen und die Hochzeit richtig genießen können.

Garderobe fürs Standesamt

Fürs Standesamt ist alles schön, was festlich aussieht und lässig und bequem sitzt.

Das kurze Minikleid in superweiter A-Linie: Ohne Ärmel im Turnhemd-Stil sieht das toll aus und paßt durch die verschwenderische Weite auch über hochschwangere Bäuche. Und wenn es kühl wird? Bei Schwangeren läuft zwar die Körpertemperatur auf Hochtouren, aber ein kurzer Bolero hilft bei nackten Armen gegen Frösteln.

Westen über weiten Männerhemden, offen und locker getragen, sitzen und sind immer ein Hit. Für beides am besten mal beim Herrenausstatter stöbern, da findet man die richtige Größe, und es gibt auch festliche Muster aus der Abend-Kollektion – üppige Rosendessins, Gold- und Silberstickerei, feine Nadelstreifen. Dazu trägt man einen langen, schmalen Rock mit eingebauter Bauchfreiheit.

Samtkleid im Empire-Stil: Mit oder ohne Ärmel oder kleinem Stehkragen – solch ein schlichtes Stück läßt sich

WARUM HABEN SIE GEHEIRATET?

- Darauf antworteten 48 Prozent der befragten Frauen und 33 Prozent der befragten Männer, daß sie im Alter nicht allein sein wollten.
- Bei 40 Prozent der Frauen und 24 Prozent der Männer war die Steuerklasse einfach günstiger.
- 17 Prozent der Frauen und 12 Prozent der Männer wollten endlich mal ein tolles Fest erleben.
- Und: Mutter wurden 26 Prozent der Frauen, Vater 33 Prozent der Befragten.

(Quelle: GEWIS-Institut; befragt wurden 1080 Männer und Frauen zwischen 18 und 60 Jahren.)

auch nach der Schwangerschaft prima weitertragen. Darüber paßt ein kurzes Jäckchen.
Der feine Anzug mit hüftlanger Jacke, die hinten eingelegte Kellerfalten hat (so kann man sie auch über den Bauch zuknöpfen), und dazu eine weite Marlene-Hose – eine tolle Alternative für alle, die gerne Hosen tragen.
Ein weitschwingendes Cape ist als Blazerersatz immer perfekt, dient in der kalten Jahreszeit als wärmende Hülle und paßt über Hosen, Röcke oder Kleider.
Und noch ein Tip: Für Schwangere gibt es kaum Mode von der Stange. Deshalb bieten vor allem Brautmode-Läden einen speziellen Änderungsservice für Schwangere an. Das bedeutet allerdings auch zusätzliche Anproben kurz vor dem Hochzeitstermin! Wer's ganz individuell haben will? Eine gute Schneiderin entwirft und schneidert – ganz nach Ihren Wünschen.

Garberobe für Kirche und festliche Anlässe

Empire-Stil: Wie wär's mit der geräumigen Version im Empire-Stil? Das Kleid mit hochgerückter Taille lenkt den Blick aufs Dekolleté (bei Schwangeren immer ein Highlight). Ab der Linie unterm Busen kaschiert dafür viel Stoff den vorstehenden Bauch und sorgt – was wichtig ist – für genügend Bewegungsfreiheit.

Lagen-Look: zum Beispiel ein Chiffon-Kleid aus mehreren bodenlangen, hauchdünnen Schichten. Übereinander getragen wird die Sache blickdicht und sieht aus wie ein Traumgespinst.

Schlauchkleider: Für Modemutige und Frauen mit ansonsten perfekter Figur sind hautenge, hochelastische Schlauchkleider eine Alternative. Klar, daß darin der Bauch sehr auffällt, aber verstecken kann man ihn spätestens ab dem sechsten Monat ohnehin nicht mehr. Also warum nicht zeigen, was man hat?

Für Schwangere ein Muß: bequeme Schuhe!

Zu feierlichen Anlässen möchten die meisten Frauen stöckeln. Gerade in der Schwangerschaft können hohe Pumps aber ganz schön beschwerlich werden. Die Beine schwellen in der »erhöhten Version« nämlich noch schneller an, und das Laufen und Stehen wird zur Tortur. Der Grund: Mit gesteigertem Gewicht funktioniert die Durchblutung nicht mehr so gut, das Blut staut sich in den Venen. Die vermehrte Wasserablagerung im Gewebe macht sich in den Beinen –

Wer den Bauch nicht so im Vordergrund haben möchte – schöne Accessoires lenken ab. Das kann eine effektvoll bestickte Weste sein, Ketten und Ohrringe, aber auch zarte Spitzen-Handschuhe oder ein modischer Hut

Hochgerückte Taille und kleine Falten geben Bewegungsfreiheit und engen den Bauch nicht ein. Hübsch dazu: die feine Lochstickerei an Ärmeln und Saum

Ein klassisches Empire-Stil Brautkleid: Hier kann der Bauch ruhig wachsen, ohne daß geändert werden muß

durch die Schwerkraft – besonders unangenehm bemerkbar. Die Waden spannen und tun weh. Schön gemütlich und ohne Streß läßt es sich deshalb in flachen Schuhen einen ganzen Tag lang aushalten. Und noch ein Tip: Brautschuhe kauft man am besten eine halbe Nummer größer. Erstens können die Füße in der Schwangerschaft möglicherweise größer werden, und zweitens werden sie am Hochzeitstag ganz sicher anschwellen. In größere Schuhe kann man morgens eine Sohle legen und wenn's eng wird einfach wieder herausnehmen. Das gilt besonders für Absatzfans! Pumps mit gemäßigtem Absatz mindestens eine Nummer größer wählen.

TIPS FÜR DIE BEINE

Auch wer sonst nicht unter Krampfadern leidet – in der Schwangerschaft können sie sich einstellen. Wer am Hochzeitstag nicht mit Stützstrümpfen vor den Altar treten möchte, für den gibt es jetzt Strümpfe aus besonders festem Material (in vielen Farben erhältlich). Der fest gesponnene Faden hat fast Stützqualität und kann so den Blutgefäßen Halt geben, sieht aber nicht nach Stützstrumpf aus. Was man zusätzlich gegen Krampfadern tun kann: warm-kalte (nicht heiße) Wechselduschen und Wassertreten in kaltem Wasser – beides trainiert die Blutgefäße. Wadenwickel mit Kamille- oder Arnikazusätzen bringen zusätzliche Linderung.

So bleibt der Busen in Form

Unter dem Einfluß der Schwangerschaftshormone vergrößert sich der Drüsengewebsanteil, der für die Milchproduktion zuständig ist, und drängt Fett- und Bindegewebe zurück. Am Ende der Schwangerschaft besteht der Busen fast nur noch aus Drüsengewebe, und jede Brust wiegt rund ein Pfund mehr als sonst. Das sieht ganz toll weiblich aus, aber die Haut muß jetzt mehr leisten als sonst. Damit sie nicht zu stark strapaziert wird, sich keine Risse einstellen und die Haut schön elastisch bleibt, helfen regelmäßige Busenpflege und vernünftige Ernährung. Dann kann der Busen das bleiben, was er ist – ein rundes Wunder. Hier die besten Tips:

• Kalt-warme Wechselduschen fördern die Durchblutung und die Sauerstoffversorgung, alles damit der Busen fest bleibt.

• Trockenmassage: Mit einer weichen Bürste den Busen kreisförmig umfahren (die Warze erst im letzten Schwangerschaftsdrittel sanft mitmassieren) – das macht die Haut rosig.

• Spezielle Cremes verwöhnen den Busen: am besten zweimal täglich Busen und Dekolleté damit pflegen – das wirkt gegen Knitterfältchen.

• Ein guter BH entlastet die Haut, weil sie weniger gedehnt wird. Er sollte breite, bequeme Träger haben und bei großen Brüsten ruhig auch nachts getragen werden – das hält in Form.

• Gesund und nicht zuviel essen. Zusätzliche Fettpolster strapazieren die Haut – das macht den Busen schlapp.

• Stärkende Bewegung, zum Beispiel isometrische Übungen: Die Handflächen vor der Brust zusammenpressen und die Spannung etwa 8 Sekunden halten. Mindestens zehnmal wiederholen – das hält ihn hoch.

Die Haare: viel dichter als vorher!

Kaum wölbt sich der Bauch, wird die Mähne dichter. Das ist keine Sinnestäuschung, sondern Ergebnis des Schönheitshormons Östrogen, das in der Schwangerschaft in rauhen Mengen im Körper gebildet wird. Fallen sonst 50 bis 60 Haare pro Tag aus, sorgt das weibliche Hormon jetzt dafür, daß die Wachstumsphase der Kopfhaare verlängert wird und weniger Haare ausfallen. Mehr Haare heißt aber leider nicht immer gleich Traumhaare.

Bei manchen schwangeren Frauen sind die Haare plötzlich fettig und ohne jede Spannung. Dann hat der enorme Hormonschub auch die männlichen Geschlechtshormone angeregt, und die sind für erhöhte Talgproduktion zuständig. In diesem Fall heißt es die Pflege umstellen: Kein Shampoo gegen fettiges Haar verwenden – die Kopfhaut wird zu trocken und Schuppen können sich bilden –, sondern besser ein mildes Mittel nehmen, das für die tägliche Haarwäsche geeignet ist.

Auch wenn Sie am Hochzeitstag richtig toll aussehen möchten, als Faustregel gilt: Unternehmen Sie kurz vor der Hochzeit keine auch noch so verlockenden Experimente mit Ihren Haaren! Dauerwellen und Colorationen können nämlich anders ausfallen, als Sie es sich wünschen. Außerdem ist es grundsätzlich besser, Ihrem Baby Chemie zu ersparen – Substanzen können über die Haut in den Blutkreislauf gelangen.

Also, kein Problem, wenn die Haare anders sind als sonst – mehr sind es auf jeden Fall, und die können richtig gestylt und gepflegt superschön aussehen:

Wenn die Haare trocken sind! Vor dem Hochzeitstermin unbedingt die Spitzen schneiden lassen – die Haare sind älter und die Spitzen gestreßter. Und am Abend vorher eine Intensiv-Kur gegen trockenes Haar machen. Sprö-

Heiße Föhnluft: für Schwangere schon ein Grund für Hitzewallungen und schnelles Nachfetten der Haare

des Haar ist meist auch glanzloses Haar. Schimmer aus der Dose gibt es mit Glanzspray – aber nur kleine Mengen verwenden, sonst fällt die Frisur zusammen.

Wenn die Haare eher fettig sind! Sind sie lang genug: am besten hochstekken! Stand verleiht ein Trick von Profi-Haarstylisten: Babypuder! Vorsichtig dosiert, saugt er überschüssigen Talg auf und hält die Frisur besser zusammen. Mehr Spannung und Stand in schlappe Haare bekommt man außerdem mit Fönlotion und Haarspray, Schaumfestiger verklebt dagegen Problemhaare eher. Sind die Haare kurz? Vor dem Frisieren schon Haarspray darübernebeln, durchbürsten und dann erst in Form bringen – das verhindert das Nachfetten, und die Frisur hält natürlich auch besser.

Das Make-up: auf Vorzüge setzen!

Ist ein Baby unterwegs, macht die Haut eine Wandlung durch: Sie wird, je nach Hormonschub, eher fettiger oder trockener. Da hilft nur, die Haut zu beobachten und ihr zu geben, was sie braucht: mehr Fett, wenn sie spannt, und mehr Feuchtigkeit, wenn sie unrein ist.
Ein Vorteil: Während der Schwangerschaft ist die Haut besonders prall und glatt. Das Bindegewebe lagert vermehrt Wasservorräte ein, und sozusagen als Nebeneffekt wird die Haut dabei wunderbar aufgepolstert. Was jeder Schwangeren passiert: Sie schwitzt mehr als sonst, und das hat natürlich Einfluß auf das Make-up am Hochzeitstag. Deshalb sollten alle Produkte leicht und natürlich sein. Außerdem entwickeln Schwangere mehr Sommersprossen als üblich, bräunen leichter, und auch Pigmentflecke schimmern dunkler als sonst. Aber keine Sorge: Das alles ist ein vorübergehender Zustand und spätestens nach der Stillzeit wieder vorbei. Wenn Sie sich bei Ihrer Hochzeit viel im Freien aufhalten, sollten Sie vorbeugend eine Tagespflege mit Lichtschutzfaktor (LSF) verwenden. Der LSF schützt die Haut vor Rötungen oder Sonnenbrand. Zusätzlich steckt in den meisten Make-ups noch ein LSF – doppelt hält besser.

Wie hält unter anderen Umständen das Make-up?

- Am besten auf gutem Grund: Unter die für den jeweiligen Hauttyp und Hautton ausgesuchte Grundierung (siehe Seite 86) kann man bei fettiger Haut oder wenn man schwitzt noch eine Pre-Make-up-Creme geben. Sie funktioniert wie ein Löschblatt und hält den Teint über Stunden schön matt. Dazu immer noch Kompakt-Puder einstecken, mit dem man schnell über glänzende Stellen fahren kann. Eventuelle Augenschatten und Äderchen kann man blitzschnell mit einem Abdeckstift verschwinden lassen.
- Weil Schwangere oft etwas blaß um die Nase aussehen, darf das Make-up ruhig auch etwas kräftiger als sonst ausfallen: Wie wär's mit einem frischen Rouge gegen Blässe, stark getuschten Wimpern (wasserfest) und dunklem Kajal rund ums Auge? Probieren Sie auch einmal Rot für die Lippen! Ein echter Hingucker, wenn der Ton passend zur Haut ausgesucht wird: blaustichiges Rot, wenn der Teint eher rosé aussieht, orange- oder bräunliches Rot, wenn Ihre Haut eher gelblich wirkt oder einen Olivton hat.

Was zieht er an?

Da steht er nun, nett anzusehen und ohne Frage hinter Ihnen! Doch wie soll er eigentlich demnächst neben Ihnen stehen und sein Jawort vor Gott und der Welt geben? Richtig: Um das, was er anzieht, geht es hier! Natürlich, der Mann ist volljährig und weiß ja wohl selbst, wie er modisch gesehen am besten rüberkommt. Fragen Sie ihn doch einfach! Antwortet er in etwa so: »Ähm, ja so was Dunkles, äh, Krawatte und so ...«, dann brauchen Sie nicht gleich an ihm zu zweifeln – in

Sachen Mode kennen sich die wenigsten aus. Und wie das Ganze bei der Hochzeit läuft, davon haben Männer meist keine Ahnung. Nehmen Sie die Sache lieber gleich selbst in die Hand.

Helfen Sie Ihrem Liebsten auf die Sprünge!

Das heißt aber nicht, daß Sie ihn zum nächsten Herrenausstatter schleppen, denn dort gibt es zwar Mode von der Stange – Anzug, Cut, Stresemann, Frack oder Smoking –, aber vielleicht nicht das haargenau passende Hochzeits-Outfit für Ihren Liebsten. Sie wissen wesentlich besser, was zu ihm paßt als jeder andere! Infos darüber, wie er sich am wohlsten fühlt, hat er Ihnen nämlich hübsch verschnürt bereits gegeben. Wie das? Seine Geschenke sind des Rätsels Lösung! Was packt er gerne ein: Schmuck, Parfum, Wäsche oder Blumen – gibt er gerne, oder hat er nichts für Sie übrig? Alles verrät ihn, und zwar nicht nur jede Menge über seinen Charakter, sondern auch darüber, worauf Ihr Schatz in Sachen Klamotten abfährt. Lässig oder elegant, üppiges Design oder lieber Kleingemustertes: Worin fühlt er sich wohl, und welche Trends würde er mitmachen? Geschenke sind der Schlüssel für sein Hochzeits-Outfit – und verraten außerdem noch, was er von Ihnen gerne als Hochzeitspräsent bekäme.

Schmuck-Verehrer: Der Konventionelle

Er ist der, den jede gerne hätte: »Diamonds are a girl's best friend«, wußte schon Marilyn Monroe. Daß Sie beide heiraten, schließt ihn außerdem von der Schar der Lügenbolde aus – bereits verheiratete Männer halten sich die Geliebte auch gern mit funkelnden Pretiosen warm. Ihrer jedoch hat ernste Absichten – und wahrscheinlich auch ein ganz festes Bild von sich selbst: Wer Schmuck schenkt, gehört fast immer zu den »höheren Söhnen«. Das heißt, er ist gut erzogen, hat beste Schulen besucht und wird's im Leben zu etwas bringen. Modisch ist er der seriöse Typ. Kein Schnickschnack – das korrekte Tuch steht bei ihm hoch im Kurs. Verkleidet würde er sich fühlen, wenn's nicht konventionell zugeht.

Sein Problem: Wenn's eine Kleiderordnung gibt, trägt er natürlich, was vorgeschrieben ist, und das sieht ziemlich schnell steif aus.

Wozu Sie ihm raten sollten: Natürlich zum edlen Anzug plus Weste, etwas anderes nimmt er sowieso nicht ernst. Gediegenes Grau und traditionelles Schwarz sind seine Farben. Locken

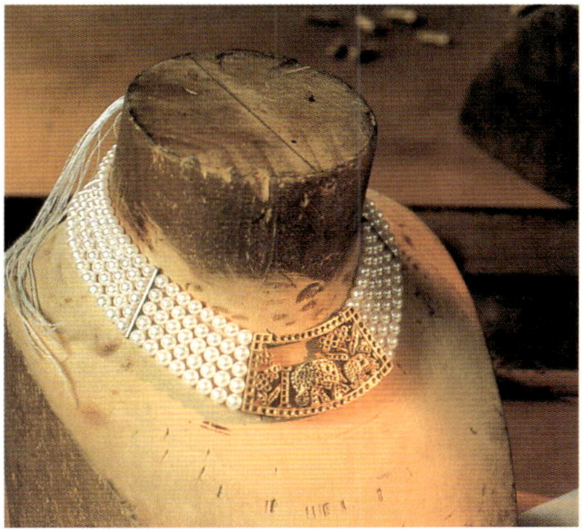

können Sie ihn aber auch mit klassischen Neuheiten: mit der modisch weiten Tuchhose statt begrenzter Beinfreiheit, mit feinem Nadelstreifen beim Anzug statt Uni-Mausgrau. Beim Hemd lieber sattes Creme statt blendendem Weiß. Und unter dem Kragen vielleicht mal ein bißchen Glanz wagen: Wie wär's mit einer schwarz-silbergrau gestreiften Krawatte? Das sind alles nur Kleinigkeiten, die aber insgesamt dafür sorgen, daß »der Konventionelle« viel lässiger erscheint und sich auch einen ganzen Tag lang rundum wohl fühlt. Das Outfit für die supergroße Hochzeit? Daran zu rütteln ist zwecklos. Der Schmuck-Verehrer absolviert sie standesgemäß – in Cut oder Stresemann, Smoking oder Frack.
Was Sie ihm schenken können? Socken, die bis zum Knie reichen – genau sein Stil.

Was er haßt: Die Farbe Braun bei offiziellen Anlässen.

Reise-Veranstalter: Der Lässige
Hin und weg ist sein Credo. Er schenkt Ihnen Trips, weil auch er gerne etwas anderes sehen möchte. Zu Hause ist es ihm oft zu eng, deshalb zieht es ihn, wann immer er kann, ganz woanders hin. Ein Typ wie er mag Freiheit. Und das zeigt schon sein Äußeres: Alles ein bißchen X-large und dazu Jeans in allen Variationen. Anzug? Auf so etwas steht er gar nicht. Und deshalb hat er höchstens einen im Kleiderschrank, sozusagen für »Notfälle«. Trotzdem können Sie diesen Typ, wenn Sie wollen, fein herausputzen. Bei seiner Hochzeit läßt er sich's gefallen.
Sein Problem: Wenn es offiziell wird, wartet er manchmal mit abenteuerlichem Styling auf.
Wozu Sie ihm raten sollten: Ganz klar zum lässigen Stil – kein Anzug, sondern die feine Kombination mit Blazer. Den gibt es einreihig oder doppelreihig geknöpft, immer mit zwei Schlitzen hinten und ohne Weste. Die passende Hose dazu ist grau oder eine Nuance heller als die Jacke. Was er toll finden wird: Mit dem Blazer kann er später im Handumdrehen seine Jeans auf fein trimmen.
Was Sie ihm schenken können? Boxer-Shorts – darauf steht er.

Was er haßt: Wenn er für sein Outfit stundenlang durch Geschäfte rennen muß. Deshalb sollten Sie schon vorher einmal verschiedene Geschäfte sichten und ihn dann in den richtigen Laden lotsen!

Kultur-Freak: Der Kreative

Er überrascht Sie gern einfach so mit Geschenken, zückt beim Frühstück plötzlich Theaterkarten für abends, weiß, wo die Super-Vernissage läuft oder fährt mit Ihnen bis Timbuktu für »junge Wilde«. Der »Kreative« kennt Gott und die Welt und schwitzt Spontaneität aus jeder Pore. Auch für die Liebe hat er alle Sinne offen: Er ist der stille Genießer, der leidenschaftliche Träumer und steckt voller Sensibilität. Mit ihm werden die nächsten 50 Jahre bestimmt nicht langweilig: was noch über die Kunst geht, sind nämlich Sie. Und für einen Abend zu zweit läßt er selbst die interessanteste Premiere sausen. Sein Stil: Dreitage-Bart, Jeans und Turnschuhe – der Mann macht immer etwas her. Aber nicht, weil er so toll aussieht, sondern weil er einfach das gewisse Etwas hat.
Sein Problem: Regeln mag er nicht – und das Normalmaß beim Anzug auch nicht.
Wozu Sie ihm raten sollten: Nur ja nicht zum gediegenen Tuch. Es gibt Männer, denen selbst die totale Verwahrlosung nichts anhaben kann. Er gehört dazu! Also lassen Sie ihn anziehen, was er will. Klappern Sie mit ihm die Szene-Läden ab. Was dabei herauskommt? Styling aus dem Bauch heraus: Die Schwalbenschwanz-Jacke zur Jeans, Zylinder und Dandy-Schuhe plus Vatermörder-Hemd mit Stehkragen – und ein seliger Bräutigam.
Was Sie ihm schenken können? Großvaters Sonnenbrille – nostalgisches Design mag er.
Was er haßt: Das Hochzeitssträußchen am Revers. Alte Bräuche interpretiert er lieber neu: Vielleicht trägt er zur Hochzeit eine pinkfarbene Plastikblume ... Lassen Sie sich überraschen!

Küchen-Freund: Der Praktiker

Er hält nichts von unnötigem Luxus. Er hat sich für Sie und für eine gemeinsame Zukunft mit Ihnen entschieden. Und da braucht man jede Menge Utensilien. Deshalb fängt er nach dem ersten Kennenlernen sofort damit an, Hausrat zu verschenken: Pürierstab, Geschirrspülmaschine, Trockner, Gläser, Staubsauger ... alles unheimlich nützlich für die Zeit zu zweit. Aber Sie kennen ihn ja, und deshalb lieben Sie ihn doch auch. Also: schön praktisch denken!
Sein Problem: Er legt Wert auf Qualität, und das kann ganz schön teuer werden.
Wozu Sie ihm raten sollten: In den Secondhand-Laden zu gehen. Da gibt

es nämlich Gutes ganz schön preiswert. Zum Beispiel die Kombination für den Ehrentag – Sakko plus Hose, Uni-Hemd und gedeckte Krawatte. Das kann man immer tragen, und damit lassen sich noch jede Menge Hochzeiten im Freundeskreis bestreiten. Und wenn er mal zum Vorstellungsgespräch muß? Genau! Dann ist er damit auch gut angezogen.
Was Sie ihm schenken können? Manschetten-Knöpfe findet er toll.
Was er haßt: Slipper zum Anzug, er steht auf klassischen Schnürschuh.

Blumen-Liebhaber: Der Romantiker

Er ist der Schöngeist und weiß, was Frauen schwach macht. Wohlgemerkt: Hier ist der Typ gemeint, der oft und gern mit Blumen aufwartet – und das nicht nur zu hohen Ehrentagen. Der Blumen-Liebhaber hat eine verspielte Seele. Ihn freut, was schön aussieht, und diese Freude möchte er mit seiner Liebsten teilen. Modischen Dingen steht er aufgeräumt gegenüber – warum nicht Neues ausprobieren! Ihre Frauenzeitschrift hat er sich bestimmt schon mit zahlreichen Kommentaren angeguckt. Und was Sie anziehen, auch dazu hat er etwas zu sagen: Meist weiß er, was Ihnen steht. Und auch, worin Sie nicht so überzeugend aussehen.
Sein Problem: Manchmal trägt er modisch etwas dick auf.

Wozu Sie ihm raten sollten: Zur auffallenden Weste! Barockes Design, knallig Graphisches oder plakative Blumen – er mag tolle Farben. Zum ausgefallenen Hingucker wählt er dann wie von selbst Krawatte, Hemd und Anzug in gedeckten Tönen. Und noch ein Tip: am besten mal in der Abend-Abteilung stöbern!
Was Sie ihm schenken können? Das Wässerchen für ihn – Düfte liebt er.
Was er haßt: Klassisches Kammgarn und die Farbe Grau – dazu fällt ihm nichts mehr ein.

Parfum-Fan: Der Verspielte

Er ist unbestreitbar ein Gefühlsmensch, der manchmal ein bißchen verträumt wirkt. Trotzdem kann er genauso schnell planen und umsetzen wie andere. Nur bei der Lösung von Problemen, da verläßt er sich weniger auf seinen Verstand, sondern vertraut vielmehr seiner Intuition. Gespür für

das Richtige zeigt er auch beim Geschenk. In die Parfümerie gehen, schnuppern und testen, bis er's hat – den ultimativen Duft für Sie. Das macht ihm einfach Spaß! Sein Alltags-Outfit: gerne das Besondere und alles systematisch aufeinander abgestimmt. Sein Problem: zuviel Harmonie beim Styling – und das sieht manchmal ein bißchen langweilig aus.
Wozu Sie ihm raten sollten: mehr Disharmonie. Schöne Mode mit ein paar Kunstgriffen – das hat Sex-Appeal. Bei der Hochzeit mag er mit Sicherheit Anzüge in hellen Farben. Soll er auch, aber wie wär's mit ein bißchen handfester Optik dazu – die kräftig strukturierte Cordweste zu Elfenbein-, Champagner- oder Sandtönen. Oder Widerspruch am Fuß: Zum ordentlichen, dunklen Anzug blitzt ein heller

Schuh. Das Sakko im Gehrock-Stil? Modisch kombiniert sieht's zum Beispiel mit einer Ziegen-Lederweste aus. Merke: Interessanter wird der Typ mit ein paar »Kanten« im Outfit.

Was Sie ihm schenken können? Krawatten – schöne Muster sammelt er. Was er haßt: weiße Socken.

Dessous-Bewunderer: Der Männliche

Ausgesprochene Mannsbilder stellen sich die Traumfrau halt richtig schön weiblich vor, und deshalb gibt's tolle Wäsche als Geschenk. Wenn Sie ihm das kleine Nichts dann vorführen, hat er Schmetterlinge im Bauch. Der Dessous-Bewunderer ist ein netter Typ, hat's aber meist ein bißchen mit Statussymbolen: Geld, Job, Reisen, Autos – davon erzählt er gerne. Mode mag er vor allem an Ihnen: Scharfe Minis, Leopardenhose, heiße Bustiers – alles seine Wellenlänge. Er sieht sich dazu mehr als Kontrapunkt – der Klasse-Mann mit Jeans und Sakko oder direkt im Anzug, je nach Anlaß.
Sein Problem: Modisch greift er manchmal in die Macho-Kiste.
Wozu Sie ihm raten sollten: Gentleman-Styling – zum Beispiel zum Schurwolle-Anzug in Navyblau, dazu reine kühle Seide für Hemd und Krawatte. Was Sie ihm ausreden sollten: die Krawatten-Nadel – hoffnungslos out!
Was Sie ihm schenken können? Sportliche Taucheruhren findet er toll. Im Kaufhaus kosten sie nicht die Welt und sehen dazu noch täuschend echt aus. Was er haßt: Fliege statt Krawatte.

»Gibt-nix«-Typ: Der Komplizierte

Sie haben Geburtstag? Er hat's glatt verpennt. Sie gehen mit ihm ins Kino? Getrennt zahlen ist angesagt. Er holt Sie vom Bahnhof ab? Seien Sie froh, daß er überhaupt gekommen ist ... Was Frauen wünschen, dieser Typ hat davon keinen Schimmer oder – er zeigt sein Wissen nicht.
Geschenke gibt es bei ihm nur, wenn auch etwas dabei herausspringt: ein neuer Job, mehr Geld, bessere Karten beim Chef oder wenn er bei Ihnen gut dastehen will. Dann springt er über seinen (Geiz-)Schatten: Statt des modischen Blazers, den Sie sich wünschen, gibt's das lila Kaschmirtuch, das Sie garantiert nicht brauchen. Der »Gibt-nix«-Typ hält sich selbst für das größte Geschenk, daher sein Unverständnis für Ihre Wünsche. Sie haben doch alles – nämlich ihn. Und tatsächlich: Meistens sieht dieser Typ umwerfend aus – toller Body, gutes Gesicht, sympathische Ausstrahlung – da kann man schlecht nein sagen. Sie auch nicht? Überlegen Sie, ob Sie auch den Rest Ihres Lebens mit »nix« selig werden.
Sein Problem: daß man(n) zur Hochzeit Anzug trägt – und was so ein Ding kostet.
Wozu Sie ihm raten sollten: Machen Sie sich keine Gedanken! Für den »schönsten Tag in seinem Leben« hat er schon längst vorgesorgt: Zum geliehenen Anzug trägt er geborgtes Hemd und geschnorrte Krawatte.
Was Sie ihm schenken können? Er mag alles, was gut und teuer ist.
Was er haßt: Preisschildchen.

Hochzeit im Anzug

Natürlich leben wir in modernen Zeiten. Aber wenn geheiratet wird, legen die meisten Zeitgenossen die Szene-Kluft ab und vertrauen auf das,

Statt korrektem Anzug fühlt sich mancher Mann – auch zur Hochzeit – wohler im Lässig-Look. Warum nicht, wenn er klasse darin aussieht?

was schon unsere Vorfahren zur Hochzeit angezogen haben. Bei den Männern heißt das: Einreiher, Zweireiher und den hochoffiziellen Anstrich. Damit ganz klar ist, was er wann anzieht und womit er richtig danebenliegt – hier der »Mann im Anzug«-Guide. Richtig angezogen? Ganz einfach:

Der dunkle Anzug

Immer richtig: Den »dunklen Zwirn« kann man zu fast allen Gelegenheiten tragen – auch zur Hochzeit. Der Klassiker ist nicht zu sehr der Mode unterworfen – mal mehr Schlag oder mit gerader Jacke – und läßt sich auch nach der Hochzeit prima weitertragen. Dabei muß der dunkle Anzug nicht gleich schwarz sein – mittel- bis dunkelgrau oder dunkelblau sind auch feine Töne. Wer sich an die Etikette halten möchte: Die Farbe Braun ist bei offiziellen und auch abendlichen Anlässen nicht erlaubt.

Den dunklen Anzug gibt's entweder ein- oder zweireihig geknöpft. Ist es ein Einreiher – und hat nicht wie ein Blazer zwei Schlitze hinten –, dann kann man auch eine Weste dazu tragen. Bei der Hochzeit gehören elegante Accessoires dazu: ein schöner Gürtel, Hemden mit Manschetten und Manschettenknöpfe, Krawatten und Einstecktuch aus Seide. Stichwort: Fliege. Der »kleine Binder« steht am besten solchen Männern, die ihn oft und gerne tragen. Trifft das nicht zu, dann sieht man(n) damit schnell ein bißchen verkleidet aus – die Krawatte wirkt lässiger.

Der Cut

Mann im Cut, da gibt es ganz genaue Regeln: Er trägt eine grau-schwarz gestreifte Hose und eine graue, einreihig geknöpfte Jacke mit Schwalbenschwänzen. Anders als beim Frack fallen die langen Enden beim Cut von vorne schräg nach hinten ab. Zum Cut gehören außerdem ein weißes Frackhemd und eine silbergraue Weste. Anstatt Krawatte kann man auch einen breiten Seidenschal zum Plastron binden und mit einer klassischen Perlennadel dekorieren. An den Füßen trägt der feine Herr dunkelgraue Kniestrümpfe und schwarze Schuhe ohne Schnürung und Muster. Zylinder, Handschuhe und eine weiße Chrysantheme im Knopfloch vervollständigen das edle Outfit.

Der Stresemann

Seinen Namen verdankt er dem ehemaligen Reichsaußenminister Gustav Stresemann, der – für das damalige Empfinden – die lässige Variante des Cuts in die hohe Politik einführte. Anders als beim Cut fehlen dem Stresemann die Schwalbenschwänze. Die einreihige, dunkelgraue oder schwarze Jacke ist rundherum gleich lang. Darunter kann man eine hellgraue Weste tragen und eine Krawatte zum hellen Hemd. Farblich muß man sich nicht an Grau in verschiedenen Abstufungen halten. Heute wird der Stresemann in allen möglichen festlich-dunklen Farben getragen. Was ihn in jedem Fall vom Anzug unterscheidet: die gestreifte Hose. Hut gefällig? Zum Stresemann paßt der englische Bowler, Melone oder schwarzer Homburg.

Der Frack

Wenn es superoffiziell und festlich zugeht, ist der Frack oder auch Gesellschaftsanzug das Größte, was der Mann zu bieten hat. Eigentlich wird der Frack nur abends getragen. Ausnahme ist die kirchliche Trauung. Findet sie gegen Abend statt, kann man(n) so bleiben, wenn nicht, muß er sich korrekterweise umziehen.

Schwarz oder mitternachtsblau ist der Frack zur Hochzeit. Die Hosen haben einen hohen Bund und zwei Galons (Seidenbänder) an den Außennähten. Dazu trägt er das gestärkte weiße Hemd mit Kragenecken, eine gestärkte weiße Piqué-Weste, beides mit Perlmutt- oder Perlknöpfen, und eine weiße Piqué-Schleife (Fliege). Die Jacke hat knielange Schwänze und wird offen getragen. Zum Frack ein Muß: die Taschenuhr. Wer keine hat und wissen will, was die Stunde geschlagen hat – einfach die Armbanduhr in die Westentasche stecken. Typisch zum Frack: der Zylinder, glatte Lackleder-Schuhe und anstatt banalen Socken Strümpfe aus schwarzer Seide!

Der Smoking

Er ist heute der Abendanzug schlechthin. Wer auf Regeln hält, trägt den Smoking erst ab dem späten Nachmittag. Was sich allerdings eingebürgert hat: Wählt der Bräutigam den Smoking, hat er ihn meist den ganzen Tag über an – zum Standesamt genauso wie zur kirchlichen Trauung und zur abendlichen Feier.

Ganz klassisch ist der Smoking in Schwarz oder Dunkelblau. Die Hose hat eine Seidenborte an den Außenseiten, die Jacke einen Schalkragen oder ein Revers aus Seide. Die Schuhe zum Smoking sind nicht geschnürt und ohne Nähte. Das traditionelle Smoking-Hemd kann entweder schlicht, mit Zierknöpfen, gerüscht, gefältelt oder mit Spitzen besetzt sein. Dazu paßt eine schwarze oder gemusterte Fliege (nie eine weiße, sonst könnte man mit dem Kellner verwechselt werden).

Smoking-Jacken gibt es einreihig mit Weste oder zweireihig – dann entfällt die Weste (Zweireiher trägt man niemals offen). Hat der Smoking keine

Tolle Weste: Mit gestickten Ornamenten oder gleich aus schimmerndem Brokat- oder Seidenstoff peppt so ein Glanzstück jeden dunklen Anzug auf

Immer richtig: schwarzer, blauer oder dunkelgrauer Anzug. Wichtig: Das Einstecktuch sollte passen, aber nicht im gleichen Muster wie Fliege oder Krawatte sein

Weste, kommt der Kummerbund zum Einsatz. Ihn haben sich die Männer einst vom »Kamarband« abgeguckt, einer Schärpe, die sich feine Inder um die Hüften banden. Beim Kummerbund sollen die Falten stets nach oben zeigen, so als ob man etwas hineinstecken möchte. Mit Weste, Fliege und Kummerbund darf man beim Smoking farbliche Akzente setzen.

Tip: Cut, Stresemann, Frack, Smoking und den dunklen Anzug – alles kann man auch beim Kostümverleih ausleihen. Ab 150 Mark geht's los, dafür darf man das gute Stück dann 24 Stunden tragen. Änderungen gehen meist extra.

Wer alles richtig machen möchte:

• Grundsätzlich richtet sich die Kleiderordnung des Bräutigams nach dem Rahmen der Hochzeitsfeier. Und ganz entscheidend danach, was die Braut anhat: Trägt sie die große Robe, wählt auch er entsprechend festliche Garderobe.

• Den Frack, das festlichste Outfit überhaupt, trägt man erst ab 19 Uhr. Was auch geht: In Frackschößen zur kirchlichen Trauung. Danach zieht sich der Mann von Welt auf jeden Fall um.

• Smoking trägt der Gentleman traditionell erst ab dem späten Nachmittag. Da heute alte Regeln allerdings weniger gelten, ist der Abend-Anzug als Hochzeitsgarderobe schon ab morgens und auch zum Standesamt erlaubt.

• Im Cut feiern Sie eine Hochzeit im großen Stil und mit kirchlicher Trauung. In dieser Garderobe können Sie das morgendliche Defilee der Gäste abnehmen.

• Der Stresemann ist die lässige Variante des Cuts.

• Der dunkle Anzug: Er geht immer und überall.

VORSICHT, EROTIK-KILLER!

Was »ihn« abtörnt:

1. Zu viele Gurken-Masken vor dem Fernseher.

2. Wenn zu Hause nur Schlabber-Look angesagt ist.

3. Wenn pro Ehejahr immer mehr Pfunde dazukommen.

4. Erzählungen über bemerkenswerte Leistungen verflossener Liebhaber.

5. Ausführliche Diskussionen über die Beziehung.

Und was »sie« nervt:

1. Wenn »er« nie die Klobrille runterklappt.

2. Nicht waschen.

3. Lautes Rülpsen.

4. Wenn »er« ihr keine Komplimente mehr ins Ohr flüstert.

5. Routine: seine Skat-, Fußball- und Kneipen-Abende.

Ganz klassisch: die Fliege zu Einreiher und gestärktem weißen Hemd

Das weiße Dinner-Jacket ist in erster Linie Abend-Outfit und wird stilecht mit Fliege und »Vatermörder-Hemd« getragen

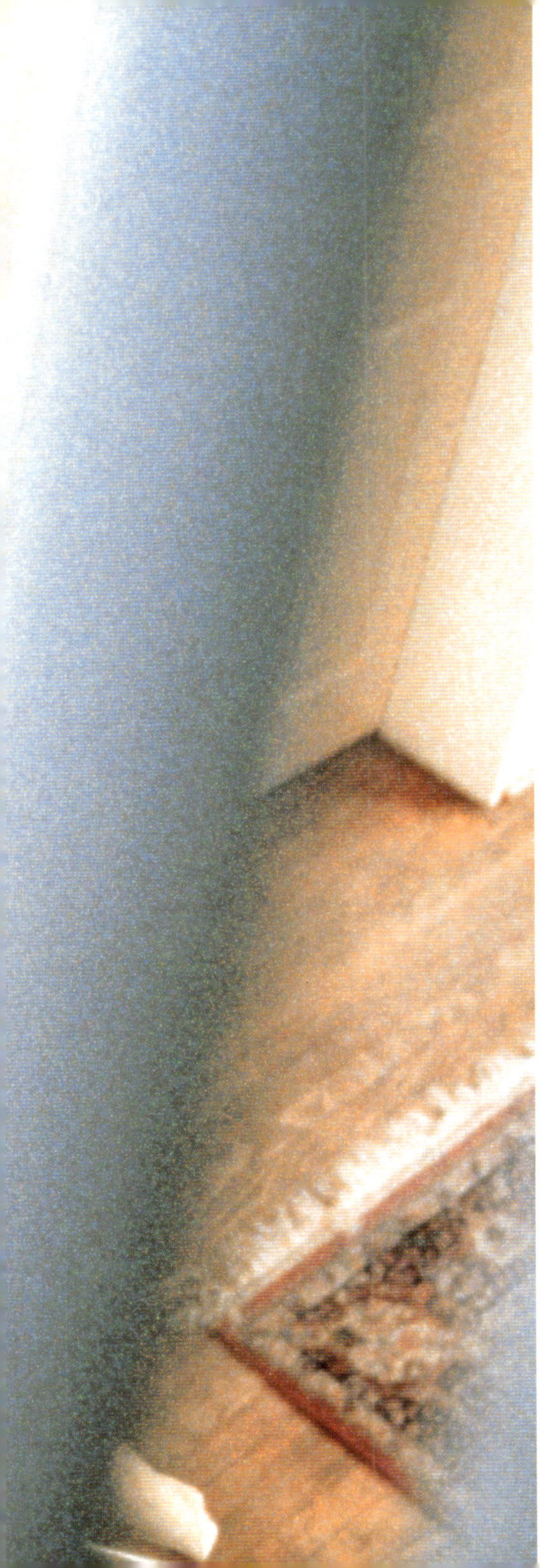

Heiraten nach Gesetz

Papierkram und Behördengänge – das ist immer lästig. Und ganz besonders jetzt, wo Sie sich doch viel lieber mit Tüll und Spitze beschäftigen und die Gästeliste gerade zum x-ten Mal neu schreiben ... und damit auch genug zu tun haben. Dennoch: Am Standesamt kommt kein Paar vorbei, und auch die juristischen Auswirkungen, die eine Ehe mit sich bringt, sollten Sie kennen. Schließlich können Sie von einigen Gesetzen durchaus profitieren und dadurch vielleicht sogar Geld sparen! Und keine Panik: Wenn Sie nicht gerade Flick oder Rothschild heißen, hält sich der juristische Aufwand beim Heiraten wirklich in Grenzen. Gut informiert und vorbereitet, bringen Sie die Behördenangelegenheiten schnell hinter sich.

Das Standesamt

Ja gesagt – und damit die Ehe rechtsgültig eingeläutet – wird zuerst auf dem Standesamt, das oft im Rathaus einer Gemeinde untergebracht ist. In Deutschland hat die kirchliche Heirat keinerlei bürgerlich-rechtliche Bedeutung. Überhaupt ist die Ziviltrauung die Voraussetzung für die kirchliche Vermählung. Dabei ist es egal, wieviel Zeit dazwischen liegt – zwei Stunden oder zwanzig Jahre. Damit Sie ins Trauzimmer vorgelassen werden, müssen Sie einen entsprechenden Termin haben und alle notwendigen Papiere beisammen sein (siehe Seite 25).
Das Aufgebot ist maximal 6 Monate gültig, muß aber spätestens 8 Tage vorher beim Standesamt aufgegeben werden. Von einer Veröffentlichung kann heute sogar abgesehen werden, dafür muß man aber mit dem Standesbeamten reden und auch eventuell Gründe anführen. Was neu geregelt ist: Die Anschrift der Heiratswilligen muß nicht mehr mitgeteilt werden.
Im Vorgespräch mit dem Standesbeamten können Sie nicht nur den Ablauf der Zeremonie festlegen, er wird Sie auch über den zu führenden Ehenamen befragen. Und da hat sich in den letzten Jahren viel getan: Die Zeit der Bindestrich-Ungetüme als einzige Möglichkeit, den Mädchennamen nicht zu verlieren, ist vorbei. Wer heute Wert auf seinen »gebürtigen« Nachnamen legt, kann ihn schlicht und ergreifend behalten (gebührenfrei). Kommt man dann aber vielleicht durch gemeinsame Kinder doch ins Grübeln und möchte einen einheitlichen Namen, kann man ihn bis fünf Jahre nach der Eheschließung noch ändern. Danach geht im Moment nichts mehr!
Wer beim eigenen Namen bleibt, spart sich natürlich auch Behördengänge und Gebühren für die Änderung der Ausweispapiere. Oder man einigt sich in traditioneller Manier auf den Namen des Mannes oder den der Frau (kostet ebenfalls nichts). Wer seinen eigenen Nachnamen behalten will, kann ihn voranstellen oder anfügen (kostet beides 25 Mark). Beispiel: Frau Glück heiratet Herrn Selig. Dann heißt sie entweder Frau Glück-Selig oder Selig-Glück. Natürlich funktioniert das Ganze auch mit dem Namen der Frau als Ehenamen. Bindestrich-Namen

können jedoch nicht an die Kinder weitergegeben werden. Sie erhalten den gemeinsamen Ehenamen. Wenn der Nachname unterschiedlich ist, kann das Kind den Nachnamen des Vaters oder den der Mutter bekommen. Einmal entschieden, bekommt jedes weitere Kind den gleichen Namen.

> *»Gesetze werden gemacht, damit der Stärkere seinen Willen nicht in allen Dingen durchsetzt.«*
>
> *Ovid*

Der Ehevertrag

So unromantisch es auch ist: Der Gesetzgeber redet beim Heiraten immer mit. Über 300 Paragraphen haben fleißige Juristen rund um die Eheschließung gestrickt. Angefangen vom Namensrecht bis hin zu der Regelung von Mein und Dein: Ehevertrag, Zugewinngemeinschaft, Gütergemeinschaft ... alles machbar. Aber wie?

Das deutsche Recht sieht drei sogenannte »gesetzliche Güterstände« vor: Zugewinngemeinschaft, Gütertrennung oder Gütergemeinschaft. Diese drei Formen bestimmen, wie mit Geld und Vermögen während der Ehe und auch später im Falle einer Scheidung umgegangen wird. Außer der Zugewinngemeinschaft – die automatisch eintritt, wenn man nichts anderes vereinbart – müssen Gütertrennung und -gemeinschaft mit Hilfe eines Notars aufgesetzt und unterschrieben werden, sonst gelten die schönsten Formulierungen nichts.

Die Zugewinngemeinschaft

Wer bei der Heirat nichts vereinbart, lebt automatisch in der Zugewinngemeinschaft. Sie ist die einfachste und üblichste Form des Güterstandes und eignet sich bestens für die sogenannte »Hausfrauen-Ehe«, mit und ohne Kinder, und außerdem für ein berufstätiges Ehepaar bei niedrigen und mittleren Einkommen. Zugewinngemeinschaft heißt: Jeder bleibt alleiniger Besitzer von Vermögen, Geld und Werten, die er vor der Heirat schon besessen hat – und auch von eventuellen Schulden, die vor der Ehe gemacht wurden. Die Gemeinschaft bezieht sich nur auf den Zugewinn, der in der Ehe erwirtschaftet bzw. angeschafft wird: Einrichtung, Haushaltsgegenstände, Barvermögen, Immobilien, Autos ... Und genau dies wird bei einer Scheidung geteilt. Was jeder in die Ehe eingebracht hat und während der Ehe geerbt oder geschenkt bekommen hat, bleibt unangetastet. Was aber auch geteilt wird, wenn kein Anspruch auf Freistellung besteht: die Schulden, die in der Ehe gemacht wurden!

Bei Scheidung wird dann im Zugewinnausgleich das in der Ehe erwirtschaftete Netto-Vermögen halbe-halbe aufgeteilt. Netto heißt: Vom Gesamtvermögen jedes Partners wird das Anfangsvermögen (was er schon vor der Ehe hatte, Erbschaft, Geschenke – aber nicht die des Ehepartners) abgezogen, die vorehelichen Schulden werden dagegen nicht berücksichtigt.

Beispiel: Er besitzt bei der Heirat nichts, am Ende jedoch 100.000 Mark. Sie hat zu Beginn der Ehe 15.000 Mark Erspartes, am Ende 30.000 Mark. Der Zugewinn des Mannes beträgt 100.000 Mark, der Zugewinn der Frau 15.000 Mark. Zusammen 115.000 Mark. Jeder bekommt 57.500 Mark.

Vorteil der Zugewinngemeinschaft: Wenn ein Partner für die Kindererziehung im Beruf aussetzt oder ihn aufgibt, erhält er einen Ausgleich für seinen Verzicht.

»Wer um des Geldes willen heiratet, muß es sich täglich sauer verdienen.«

Fernöstliche Weisheit

Die Gütertrennung

Die Gütertrennung funktioniert nur, wenn sie notariell beurkundet ist. Die Gütertrennung eignet sich für Paare, die beide wirtschaftlich unabhängig sind und es auch bleiben wollen. Oder für Paare, bei denen einer oder beide ein großes Vermögen, Immobilien oder eine Firma haben und im Fall einer Scheidung bei Zugewinnausgleich den Partner auszahlen müßte. Das könnte zum Ruin der Firma führen. Im Fall einer Scheidung zieht bei dieser Form erfahrungsgemäß meist die Frau den kürzeren, denn in der Regel setzt sie für die Kindererziehung im Beruf aus, hat so keine Chance, Vermögen zu bilden, und geht bei der Trennung auch noch leer aus. Wer in Gütertrennung leben will, tut deshalb gut daran, mit einem zusätzlichen Ehevertrag Ausgleichszahlungen oder etwa eine eigene Lebensversicherung zu vereinbaren.

Die Gütergemeinschaft

Eigentlich klingt diese Form nach der mildesten aller Regelungen. Ist sie aber nicht! Denn Gütergemeinschaft kann ganz schön riskant werden: in der Ehe und auch über die Scheidung hinaus. Denn jeder Partner muß im Ernstfall für Schulden und Unterhaltsverpflichtungen des anderen in vollem Umfang aufkommen – auch wenn die Verpflichtungen vor der Ehe vereinbart wurden. Gütergemeinschaft ist mit rund 100 Paragraphen die komplizierteste Form des Güterrechts und im Falle einer Scheidung schwierig zu handhaben.

Wann ist diese Form sinnvoll? Zum Beispiel auf dem Land, wenn ein Partner in einen Hof einheiratet, zeitlebens voll mitarbeitet und so auch einen sicheren Anteil am Unternehmen erwirbt.

Was heißt Versorgungsausgleich?

Damit werden im Falle der Scheidung die während der Ehezeit erworbenen Ansprüche auf Altersversorgung ausgeglichen – egal in welchem Güterstand das Paar lebt. Wieviel Geld gibt es dann? Das hängt von Dauer und Höhe der Einzahlung in die Rentenkasse ab. Auch wenn ein Partner nicht berufstätig war (zum Beispiel wegen Kindererziehung), wird Vorhandenes zusammengezählt und halbiert. Das heißt: Der Partner, der nicht in die Rentenkasse eingezahlt hat, besitzt trotzdem Ansprüche an die zu erwartende Rente des Ex-Partners. Der Versorgungsausgleich läßt sich jedoch in einem Gütervertrag ausschließen.

Und was gehört in einen Ehevertrag?

Alles, was man geregelt haben möchte. Zum Beispiel Weiterbildung und Ausbildung: Wenn ein Partner sich um die Kindererziehung kümmert, können für die Erziehungsjahre zum Beispiel eine Lebensversicherung, Ausgleichszahlung, eine Lehre, Studium oder eine Fortbildung zusätzlich zur vorhandenen Ausbildung vereinbart werden. Auch den Nachnamen der Kinder – wenn das Paar denn unterschiedliche hat – kann man so ganz klar bestimmen, und alle müssen sich dran halten. Man kann aber auch festlegen, wer was im Haushalt macht, wer wann mit dem Auto fährt ... All das können beide Partner gemeinsam aufsetzen, unterschreiben oder – ganz wasserdicht – beim Notar beurkunden lassen. Ungültig ist der Ehevertrag in jedem Fall, wenn ein Partner den anderen übervorteilt.

Beispiel: Einer läßt den anderen unterschreiben, daß bei Scheidung auf jeglichen Unterhalt für sich (funktioniert) und für die gemeinsamen Kinder verzichtet wird – letzteres ist schlicht »sittenwidrig«. Wer eigentlich all das überprüft? Anfechten oder Unterschriebenes wieder rückgängig machen lassen kann man immer, sobald sich beide einig sind. Trifft das nicht zu, wird's schwierig. Möglich: Mit Freunden das Problem diskutieren und eine Neuregelung finden oder eine Eheberatung aufsuchen, die Grenzen und Mißstände deutlich macht. Die letzte Maßnahme: Vor Gericht ziehen und sehen, wer Recht bekommt. In diesem Fall ist es sinnvoll, den Ehevertrag von einem Notar beurkundet zu haben – besonders wenn es im Streitfall um Immobilien und größere Werte geht.

Beim Notar Geld sparen kann man, wenn man die Klauseln schon in »Heimarbeit« aufgesetzt hat. Dann kostet's nur noch die Beurkundung; die Gebühren richten sich dabei nach den im Vertrag geregelten Werten.

Bringt Heiraten finanzielle Vorteile?
In der Regel ja! Beispiel Steuer: Ehepaare können sich gemeinsam veranlagen lassen. Das lohnt sich, wenn ein Gehalt niedrig, das andere hoch ist. Sie werden dann addiert und halbiert. Durch das sogenannte Ehegatten-Splitting werden daraus zwei Durchschnittsgehälter mit der (unter Umständen) entsprechend günstigeren Versteuerung.
Auch bei der Vermögenssteuer kann möglicherweise gespart werden, da sich bei Zusammenveranlagung der Steuerfreibetrag erhöht. Was die Wahl der Steuerklasse angeht: Wenn nur einer verdient, kann er jetzt in die günstigere Steuerklasse III. Singles sind in der ungünstigen Klasse I mit hohen Abzügen. Klasse III bietet sich auch an, wenn ein Partner angestellt ist und der andere freiberuflich arbeitet. Wenn beide verdienen, kann man die Kombinationen III/V oder IV/IV wählen.
Bei der Krankenkasse kann man ebenfalls sparen. Wer gesetzlich versichert und alleiniger Verdiener ist, kann den Partner kostenlos mitversichern. Gratis sind dann auch spätere Kinder. Ist der Alleinverdiener privat versichert, muß »die Familie« dagegen extra zahlen.
Wo der Trauschein noch sparen hilft? Bei der Miete – der Partner darf jederzeit mit einziehen.
Auch günstiger werden die Versicherungen – wenn aus zwei Haushalten einer wird, müssen Sie auch nur einmal für Haftpflicht, Hausrat etc. zahlen. Sicherheitshalber mit dem Versicherungsagenten regeln, ob der Ehegatte namentlich in die Police eingetragen werden muß.
Erben von Ehegatten sind bis 500.000 Mark steuerfrei, Erben von unverheirateten Partnern nur bis 3.000 Mark.

Heiraten in Österreich*

Die Ehe gilt nur, wenn sie vor dem Standesbeamten geschlossen wird – die kirchliche Trauung ist Privatsache und hat für den Gesetzgeber keine rechtlichen Auswirkungen.

Ehemündigkeitserklärung
Mit 19 Jahren wird man in Österreich mündig. Heiraten dürfen Frauen aber schon ab 16 Jahren. Minderjährige (Männer müssen 18, Frauen mindestens 15 Jahre alt sein) brauchen eine gerichtliche Ehemündigkeitserklärung.

Urkunden
Wer heiraten möchte, benötigt eine Abschrift aus dem Geburtenbuch, Standesbürgerschaftsnachweis, Meldezettel und Lichtbildausweis. Wer schon mal verheiratet war, muß Heiratsurkunden sowie Scheidungspapiere parat haben, bzw. Verwitwete brauchen die Sterbeurkunde. Und wer einen Ausländer heiraten möchte, muß, wie in Deutschland, ein Ehefähigkeitszeugnis vorweisen. Sind alle Papiere wasserdicht, kann das Aufgebot folgen – was eine Woche vor der Trauung öffentlich aushängt; die Frist läßt sich jedoch in Absprache mit dem Standesbeamten verkürzen. Für die kirchliche Trauung muß man sich nicht nur rechtzeitig anmelden (sechs Wochen vorher), sondern auch ein Eheseminar (katholische Hochzeit!) absolvieren.

Kosten
Die Trauungspapiere gibt's für 120 ÖS, die Trauung selbst für 50 ÖS, zwei Heiratsurkunden kosten 160 ÖS und die Gebühren für beide Meldezettel 60 ÖS. Titel oder einen akademischen Grad gibt's gratis – mit urkundlichem Nachweis.

Ausländer müssen für alle fremdsprachlichen Urkunden beglaubigte Übersetzungen in deutscher Sprache beilegen.

Familienname
In Österreich muß ein gemeinsamer Familienname geführt werden. Allerdings kann der Ehepartner, der seinen Namen aufgegeben hat, den Ehenamen nachstellen.

Heiratsgut: Was zahlen die Eltern?
Dafür gibt es in Österreich ein Gesetz: Die Brauteltern, bzw. Großeltern müssen die Tochter, wenn sie kein Vermögen hat, bei der (ersten!) Hochzeit nach Kräften unterstützen. Geschieht das nicht, kann man den Anspruch auf das »Brautgut« (Geld, Sachwerte) vor Gericht prüfen lassen. Entschieden wird nach finanzieller Lage der Zahlungspflichtigen.

Ehevertrag
Wird nichts anderes beschlossen, gilt in Österreich automatisch die Form der Gütertrennung. Das heißt, jeder bleibt Eigentümer seines Vermögens, welches er in die Ehe miteingebracht hat. Im Falle einer Scheidung wird das in der Ehe erworbene Vermögen (alltägliche Vermögen: Wohnung, Auto, usw., aber zum Beispiel keine Aktien oder Wertpapiere) – unter Berücksichtigung der Kinder – geteilt. Alle anderen Güterformen müssen beim Notar abgesegnet werden, um rechtsgültig zu sein.

* Aufgeführt wurden nur die vom deutschen Recht abweichenden Regelungen

Heiraten in der Schweiz*

Man staunt nicht schlecht, aber vor der Gesetzesreform von 1988 war in der Schweiz, rein rechtlich gesehen, die Gleichberechtigung unbekannt. Heiratete eine Frau, begab sie sich in die Abhängigkeit ihres Mannes. Er durfte über das Vermögen verfügen, ihr die Berufstätigkeit erlauben – oder auch nicht – und bei einer Scheidung zwei Drittel des Vermögens kassieren. Heute ist alles anders! Es herrscht Gleichberechtigung: Entscheidungen werden gemeinsam gefällt und damit Verantwortung und Verpflichtung von beiden getragen.

Papiere und Kosten

In der Regel benötigt man fürs Standesamt die gleichen Papiere wie in Österreich oder Deutschland. Trotzdem em-

pfiehlt es sich beim zuständigen Amt nachzufragen, da es Abweichungen geben kann. Das gleiche gilt auch für die Trauung mit einem Ausländer, denn die Schweiz hat mit einzelnen Ländern zusätzliche Abkommen.
Die Kosten für die Trauung variieren von Kanton zu Kanton, so daß auch hier keine generell gültigen Angaben herrschen. Eine Regel gilt immer: Touristen zahlen erheblich mehr als Einheimische.

Familienname
Wird nichts beschlossen, so wird der Name des Mannes der gemeinsame Ehename. Möchte die Frau ihren Geburtsnamen behalten, kann sie ihn – auf Antrag – dem neuen Ehenamen ohne Bindestrich voranstellen. Ausnahme: Es gibt »beachtenswerte Gründe«. Der Mann heißt zum Beispiel Lügner, möchte aber Politiker werden. Dann kann der Name der Frau auch Ehename werden – natürlich auf Antrag und mit Zustimmung des Kantons, in dem der Wohnsitz des Paares liegt.

Ehevertrag
Automatisch gilt die Errungenschaftsbeteiligung. Was heißt: Eigentum, welches in die Ehe miteingebracht wurde, bleibt unangetastet. Das gemeinsame in der Ehe »errungene« Vermögen, wird, im Falle einer Scheidung, hälftig geteilt. Notariell beglaubigen muß man andere Güterrechte, zum Beispiel Gütertrennung oder Gütergemeinschaft.

Steuerklasse
Bei Ehepaaren werden grundsätzlich beide Einkünfte addiert und gemeinsam versteuert.

* Aufgeführt wurden nur die vom deutschen Recht abweichenden Regelungen

Register

Abstammungsurkunde 27
Accessoires, für die Braut 53, 56 ff., 62, 68
-, für den Bräutigam 104 ff., 111 ff.
Aufenthaltsbescheinigung 27
Aufgebot 26 f., 29, 47, 118
Ausweispapiere 25, 27, 29

Berufsnachweis 27
Blumenkinder 49
Blumenschmuck 20, 21, 31, 41, 48
Brautentführung 32
Brautkleid 62, 68 ff., 95 ff.
Brautstrauß 25, 32, 48
Brautwalzer 32, 34, 44 f.
Buffet 17, 32

Danksagungen 41, 45, 49

Ehefähigkeitszeugnis 27
Ehegatten-Splitting 122
Ehename 26, 118
Ehevertrag 47, 119, 120, 121
Einladung, zum Polterabend 24, 41
-, zur Hochzeit 24, 25, 47
Erbschaft 122

Familienbuch 27
Figurtips 88, 90
Firmungsurkunde 29
Frisuren 74 ff., 82 ff.

Garderobe, für die Braut 53, 56 ff., 94 f.
-, für den Bräutigam 104 ff., 111 ff.
Gästeliste 40, 46, 48
Geburtsurkunde 27
Getränke 18, 21, 32
Gütergemeinschaft 119, 120
Güterstand 119 ff.
Gütertrennung 119, 120
Gütervertrag 121

Haarfarbe 75 ff.
Haarpflege 75 ff., 89, 99 f.
Hautpflege 89, 90, 91, 98 f., 101
Hautprobleme 78, 80, 81, 88 f.
Heiratsurkunde 29
Hochzeits-
-ball 32
-bräuche 29, 40
-buch 69
-essen 31
-feier, klassische 31 f.
-jubiläen 34
-liste 45, 47, 48
-menü 20, 21, 32, 41
-reise 47, 48
-suppe 32
-termin 25, 30, 38, 46, 47
-torte 43 f., 48
-zeitung 32

Kirchenschmuck 41
Konfession 29

Konfirmationsurkunde 29
Körperpflege 90 f., 91, 98 f.
Kosten 38 f.
Kostümverleih 39, 41, 70, 114
Krankenversicherung 122
Künstlerdienst 30, 44

Leihgebühren für Geschirr 18
Make-up 78 ff., 86 ff., 101

Menükarten 41
Musik 18, 26, 30, 44, 48

Notar 47, 119, 121

ökumenische Hochzeit 29 f.
Parfum 79 ff.
Party-Service 18, 33
Personal 18
Polterabend 20, 23 ff., 48, 49
Polterhochzeit 24

Reisearrangements 19
Religionszugehörigkeit 27
Restaurant 20, 32, 33, 46
Romantik-Hochzeit 19

Schmuck 53, 56
Schuhe 53, 56 ff., 95 f., 98
Städtereisen 18
Stammbuch 27
Steuerklasse 122
Steuervorteile 121 f.
Strümpfe 98
Studenten-Service 34

Taufbescheinigung 29
Terminplan 46 ff.
Tischdekoration 43
Tischkarten 31, 41
Tischordnung 31, 42 f., 45, 48
Traugespräch 29, 47
Traurede 25
Trauringe 39 f., 47, 48
Trauritus 30
Trauspruch 29, 30
Trauung,
- standesamtliche 25 ff., 62, 114, 118
- kirchliche 27 ff., 46, 114, 118
- papiere 29
- protokoll 26
Trauzeugen 38
Trinkgelder 39, 49

Veranstaltungsservice 33, 34
Vermögenssteuer 122
Versicherungen 48, 122
Versorgungsausgleich 120 f.

Zeitungsanzeige 45
Ziviltrauung 118
Zugewinn 120
-ausgleich 119 f.
-gemeinschaft 119 f.

Bildnachweis

BAVARIA: Lämmerer 28; Irish 46 u.; FPG 87
CARINA: Thoma 24, 26, 28 o., 30 o., 32, 34
Ellen Fischer: 9, 10, 13, 30 Mi., 33, 104, 106,108 o., 110 o., 112, 114, 119,120 Mi.
Guido Flück: 115 re.
FREUNDIN: Adrian 110; d`Andrea 50/ 51; Leis 52, 54 o., 55 re., 56, 58, 60 o., 62, 64 o., 68, 69; Rosinski 70
Gruner+Jahr-Fotoservice: Takizawa 2, 47, 49
Herve Mariage: 97 re.
Eberhard Horn Brautmoden: Marc Evans 60 beide, 61, 63 Mi. + re., 64, 65 beide, 66/67, 96, 97 li., 109
IFA-Bilderteam: 44 Mi.; Nacivet 11, 12
Jahreszeitenverlag: 3, 38, 40, 42 o., 43, 44 o., 46 o., 48o., 107; Goldenbaum 79; Krönke 83 li.; Krüger 41, 42 Mi.; Neeb 75; Ruhde 24; Steffens 74, 76, 78, 80, 81, 82, 86, 88, 90
Peter Kasper: 54 li., 113 beide, 115 li.
LILLY- Brautmoden: 94, 96 o., 98, 100 o.
Platin-Gilde International GmbH: 39 beide
Norbert Schäfer Archiv: 36, 37, 124, 125
Axel Springer Verlag: 77, 84 li., 85 alle
STUDIO X: Chabaneix 54 re., 55 li., 63 li.
TONY STONE Bilderwelten: 108 u.; Corroz 92/93; Kunin 14/15, 16/17, 18/19, 20/21; Kaluzny/Thatcher 22/23, 116/117; Rathfeld 102/103; Rusing 35; Scott 72/73; Tack 105; Walter 47
ZEFA: Wartenberg 6/7, 83 re., 84 re.; Pfauder 100